Hilmar Roebling

Skèvio-paríā
(Sky-/Wolken-Partnerschaft)

Hilmar Roebling

Skèvio-paríā
(Sky-/Wolken-Partnerschaft)

Ein Scype-Gespräch in einer neo-indoeuropäischen Kunstsprache

Bibliografische Information der Deutschen Nationalbibliothek
Die Deutsche Nationalbibliothek verzeichnet diese Publikation
in der Deutschen Nationalbibliografie; detaillierte bibliografische
Daten sind im Internet über http://dnb.d-nb.de abrufbar.

© 2015 Hilmar Roebling
Umschlag: Inge-Marie Pfeiffer und Hilmar Roebling
Herstellung und Verlag:
BoD - Books on Demand
ISBN 978-3-7386-9609-7

Vorwort

„Wolken-Partnerschaft" ist der dritte Text im Rahmen einer „Brückentrilogie", in der es um die Konstruktion von sprachlich-geistigen Brücken geht, auf denen sich Menschen unterschiedlicher Herkunft treffen können.

Im ersten Text („Europäische Zunge") wird versucht, auf der Basis der indoeuropäischen Etymologie eine Sprache zu konstruieren, die eine Ahnung vermittelt von der ursprünglichen relativen Einheit des Ausdrucks, der sich im Verlauf der Jahrtausende in eine Vielzahl von Idiomen aufgesplittert hat. Dieser Prozess hat einerseits kreative Vielfalt erzeugt, andererseits im sprachlichen Bereich auch Abgrenzung und Ausschluss gefördert. Sprache allein kann indes die Unterschiede der Menschen nicht aufheben. Vielmehr muss es eine geistig verbindende Mitte geben, die die Menschen zusammenführt. Diese Mitte wird im Prinzip eines unabschließbaren Aufklärungsprozesses gesehen, eines Prozesses, in dem man Vernunft und Empathie walten läßt.

Im zweiten Text („Novo-Pérmion") geht es um Entzweiung und Einheit der Menschen im Verbund mit der Natur. In idealistischen Zeiten glaubte man, dass die Geschichte durch gelingende „Dialektik" zu einer Annäherung einen theoretisch und praktisch nahezu vollendeten Zustand führen könne. Heute herrscht diesbezüglich weitgehende Skepsis. Der Name „Novo-Permion" bezieht sich auf die alte erdgeschichtliche Formation vor ca. 300 Millionen Jahren, in der durch Naturkatastrophen ca. 80% aller Lebensarten ausgelöscht wurden. Heute befürchtet man, dass durch Katastrophen, nun aber von Menschenhand gemachten, die Erde für das Leben unbewohnbar werden könnte. Allenfalls bestünde die Möglichkeit, durch kollektiv-sinnvolles Handeln den Zeitpunkt dieser Finalität etwas hinauszuschieben, ein Projekt, das nur durch globales gemeinschaftliches Handeln erfolgreich wäre.

Im dritten Text („Wolken-Partnerschaft") geht es um elektronisch vermittelte Kommunikation („scyping") zwischen weit von einander entfernt lebenden Personen (St. Petersburg, Hamburg, Barcelona), die sich während ihrer Studienzeit unter dem Eindruck einer Flutkatastrophe angefreundet haben, obwohl ihre Eltern während des Zweiten Weltkrieges erbitterte Feinde waren. Besonders in Hamburg wird diese Freundschaft mit politisch destruktiven Aggressionen aus der unmittelbaren Nachbarschaft konfrontiert. Dadurch bekommen die persönlichen Verhältnisse auch öffentlichen Charakter. Die Scypenden wollen durch private Freundschaft der Gefahr eines neuen, z.T. amtlich gesteuerten Chauvinismus entgegentreten. Man hat gesagt, der aus heutiger Sicht gescheiterte „arabische Frühling" sei nicht zuletzt durch den Einsatz digitaler Medien zustande gekommen.

Allerdings stehen die Chancen für ein Überleben im Frieden nicht gut. Die Hoffnung auf Fortschritt im Bereich von friedlicher Zivilisation schien in früheren Zeiten auch durch das Modell aufklärerischer „Dialektik" gestärkt. Heute sieht man den Weltprozess eher als einen kaum überschaubaren, vielseitig vernetzten Vorgang aus Elementen, die Positives und Negatives oft zugleich in sich enthalten. Trotzdem darf die Partnerschaft nicht im „Gewölk" verbleiben.

Personen der Handlung:

Anna Mostnikova, St.Petersburg, Literaturwissenschaftlerin

Hans But(t)gereit, Hamburg, Sprachforscher

Régine Tisserant, Barcelona, Kunst-Malerin

Hermes, Hamburg, Kaufmann

Demonstrierende

A.^Aúsrā
A. Morgen

>Trrrr...Trrr...Trrr....<

(^Jânis ^léghesì pro-ʙ'udhjómenos:) >Ā! Qìd ^e-tòd? - ^Ó-sdno médhjahì ^noqtí?<
(Hans im Bett erwachend:)   >Ah! Was das? - Fast mitten in der Nacht?<

(Dalhu-ğhvónion / Telephon:) >Trrr...trrrr...trrrr...<

(^ʙ'éğh'- g√hīlon g'rèʙhsalòs bálbalos:) >^Alalà? Budgereit. ^Ā!<
(das Schnurlose ergriffen habend stammelnd:) > Hallo, Būtiqéroitis, Ah !<

(^eğh' çlūti-çónkhωs:) >^Alalà, tù heti ^léghesi çeímenos?
(aus der Hörmuschel:) >Hallo, du noch im Bett liegend?

Çeì ^leúdhies ^joù ʙhº rstoí!<
Hier die Leute schon auf Trapp!<

(^Jânis ^supnikeì ^véstui:) >^Idhă̄ hó-sdno héti ^sŋmí-^noqts.<
(Hans im Schlaf-Anzug:) >Hier fast noch Halb-Nacht.<

(^Eğh' çónkhωs:) >Skevio-parajé me ^hàd té. ^Eğὼ prωì-hàçanò-heğhήs.
(Aus der Muschel:) >Sky-pe mich zu dir. Ich frühstücks-begierig.

^Ā! -.ho-kolkólaje ^Rŋğînān, ^jòd ^veîs sºmdhrî prωì-ğustájomos<.
Ah, läute Régine an, dass wir zusammen früh-kosten.<

(^Jânis:) >^OqÞí-pet préçω - ^mòçs ^eğὼ hàd tè per-^apó.<
(Hans:) >Einen Augenflug bitte, gleich ich zu dir zurück.<

(Çónkhos:) >^Upér-^su, heğὼ stólhon ^joù kruvájenì.<
(Muschel:) >Super toll. Ich den Tisch schon im Decken.<

(^Jânit's dalhu-^vodítrωi hepì-^rîmans ^en-tùpsalὼt's:) >Tüüüt – tüüüt- tüüüt...<
(Nachdem Hans auf dem Fernsprecher die Zahlen ein- getippt hat:) >Tüt-tüt, tü...<

(Vὼqs qὼ ^lèghestòs tuztâ^vodítrei:) >Haĩ...?.<
(Stimme wie aus dem Bett gestoßen im Hörer:) >Häng   ?<

(^Jânis:) >Çeì ^Jânis. Tù héti svopníως snoúdheis?<
(Hans:) >Hier Hans. Du noch in Traumes Wolken?<

(^Rηğînā.:) >^Jânis? - Qìd teвheì ^ménesi?! - ^O-sdno ^noqtòs ^médhjei!<
(Régine.:) >Hans? - Was dir im Geist?! - Fast Mitternacht!<

(^Jânis:) >^Ánnā prωì-háçanon ^joù kruvájeni.<
(Hans:) > Anna das Frühstück im Decken.<

(^Rηğînā:) >^Eğὼ ^svòpnio soíвhων ^éti в'âğhuhis.<
(Régine:) >Ich der Traum-Gespenster noch in den Armen.<.

(^Jânis:) >^Ánnā ^noumhὼ prωì-gì-ğustáseti.<
(Hans:) >Anna mit uns will früh-kosten.<

(^Rηğînā:) >^Eğὼ heti ^noqterineì ^vésm'ni.<
(Régine:) >Ich noch im Nachtkleid.<

(^Jânis:) >Dùs-kolíā qù hán?<
(Hans:)   >Wo ist die Schwierigkeit?<

(^Rŋğînā:) >^Eğὼ héti ^supno-^maztâ hàvi-skródā!<
(Régine:)   >Ich noch eine schlaftrunkene Vogelscheuche!.<

(^Jânis:) >^Ne-ğhì, ^mŋìs tù çoun'- ὼgajos tù kanárinòs ^avís.<
(Hans:) >Nein, eher ein himbeer-farbiger Kanarienvogel.<

(^Rŋğînā:) >Çrī-tirilî-tydylýttt. ^Ā!^Voumhὼ skèvio-pì-parásω.<
(Régine:) >Çrî-tirilî-tüdelütt. Ah! Ich mit Euch will wolken-partnern.<

(^Jânis:) >^Sù-sqérion! Dò ^móçs.<
(Hans:) >Wunderbar! Bis gleich.<

(^Jânis ^noqterinòn ^kûlon ^o-dí-dhătai.
(Hans zieht sich den Morgen-Mantel an.

 dalhu-ğhvónion ^eğh'-klaúkàsalòs ^açánωs ^ad stólhon pó-heiti,
 Das Telephon ausgeschaltet habend zum Esstisch er geht,

^àd stólhon skiztòn tritòn skórhnωs qὼ platù-poqánωs
zu einem Tisch wie das abgetrennte Drittel eines runden Platt-Kuchens

^meğ°ntíjωn kaitu-dătórωn dvojamhὼ ^nà krώjon. ^Sémplωn ^vosò-stelnúωn.
 mit zwei großen Bildgebern am Rande. Einfache Wohngestelle.

^Jânis toù hèn-klaukásalòs ^oinωì hepì hÁnnān ^vidîti ^plŋ̀dhu-^veidès^vésmon°n
Hans die beiden eingeschaltet habend auf dem einen er sieht Anna, öffentlich gekleidet

^alitérωi hepì^Rŋğînān ^noqterineì ^vésm'ni hamвhóteraì
auf dem anderen Régine im Nachtkleid, beide

dvojamhὼ kaitu-dătòramhὼ skorhno-stolhakòn^nà tritòn ^ŋ́smenai.
mit zwei Bildgebern am Rundtisch-Drittel sitzend.

Kaitu-dătóres ^en-klaùkatoí. B'eğhìs tanvî svenòs ^s°rpìs ^erménā.
Die Bildgeber eingeschaltet. Draußen die dünne Sonnen-Sichel sich erhebend.

Qós-qe dvojamhὼ hepì kaitu-dătòramhὼ qὼ hanti-dorpáneis ^vidjómenos.
Jeder auf zwei Bildgebern wie in Spiegeln sich sehend.

(^Ánnā:) >^Su-^rώdān ^aúsrān, ^ju-dvoì ^supnòs g√ivótne<
(Anna:) >Fröhlichen Morgen, ihr zwei Siebenschläfer!<

(^Jânis ^Rŋğînamhì:) >^Su-^rώdān pro-pītúān, ^medhi-dinjakâ hajerí-kāruks!<
(Hans mit Régine:) >Einen fröhlichen Vormittag, Mittags-Früh-Sängerin!<

(^Ánnā:) > Qὼ ^ voù hήst svépar?<
(Anna:) >Wie war Euer Schlaf?<

(^Rŋğînā:) >Qὼ ghrîmennó- neçu palhmáωn ^upó.<
(Régine:) >Wie eine Salb-Leiche unter Palmen.<

(^Jânis:) >^Qὼ dju-hanès q°ermikòn mòrhu-kómωn ^upó.<
(Janis:) >Wie ein Johanneswürmchen unter Brombeer-Zäunen..<

(^Ánnā:) >^Menè sk°rsúli hé-вhūt svópnion:
(Anna:) >Meiner ein skurriler wurde Traum:

^Eğὼ hήs°n ^án- eğon:
Ich war Un-Ich:

^Vímbanon ^aqáωn médhjei, ^an-^óqωs, peri-slènkómenon, peri-vertómenon
Seetang inmitten von Wassern, un-äugig, sich schlingend, sich wandelnd -

^áqajon ^èn ^ặstron, peri-vèrtómenon ^èn ğhþùn kostimhì oqimhώ-qe - ^lήno-^
in einen Seestern, sich wandelnd in einen Fisch mit Gräten und Augen langsam

^vi-^vèluménei hèn ^éğ(√)hin ^àqahì, ğhǻrahì haverí -qe,hèn g√èlʙhu-ğhvǿ̨r°n,
sich verwandelnd in eine Echse zu Wasser, Land und Luft, in ein Säugetier,

hèn drú-han(s)un. çoívo- hoismakón.-Todǿ drumeìs ^lǿ̨no-^lǿ̨no ^torsejóntihs^
in einen Baum-Geist, einen lieben-aggressiven.- Dann bei vertrocknenden Wäldern

dorʙho-plâneis ^lautro-ğhvǿ̨r°mhìs p°lneîs ^vītâ hud-^°rğjoménā d'roùghomhis
in Gras-Flächen von Raubtieren vollen gejagt mich aufrichtend mit Gefolgsleuten

balbalíj°ntî heğǿ qelesnân voíkān ^som-^vrǹ̨jenòs ^ è-ʙhūn.
stammeld ich durch Listen Gruppen-Stärke wurde des Erfindens.

Prijótā ^mójomhìs ^ali-ğenésωn g√h°ntís - qe – hedeneì hepí.
Liebe mit den Meinen und Tötung von Anders-Artigen – auch zum Essen..

^Sṇtóvi g'órdhei ^çrijimhì hages°mhìs-qe heğǿ ves°ntî.
Schließlich in der Stadt mit Schönheit und Verbrechen ich wohnend.

^Nù ^su-sqério ^leúkonts ^aùsrinòs ^mâkωn.<
Nun ein wunderschön leuchtender Morgen-Mohn.<

(^Janis:) >^Nù ^som-^júngǿmedhaì ^rītu–smòghuríamhis!<
(Hans:) >Nun vereinen wir uns mit den Morgenleckerbissen!<

(^Rŋğînā:) >^Sṇtóvi!<
(Régine:) >Endlich!<

(Beğhìt's ^ūlikíāt's ^voqǿn.)
(Von draußen, von der Straße Stimmen.)

(Ánnā:) >Kraújωmos ʙole-çlovakòns ^édajons troúkons...!<
(Anna:) >Decken wir die Bunzlauischen Ess-Tröge..!

(^Jânis:) >^Ħdí-platà ^módhrωn, çvitro-psakatòn dju-krónghωn!<
(Hans:) >Die Ess-Platten blaue, weiß getupfte Himmelsscheiben!<

(Treîs stólhons somo-prepés°ns Bole-çloviàkomhìs kraújonti.
(Die drei die gleich-scheinenden Tische mit Bunzlauischem decken.

(^Ánnā ᴙájωs kupéljon ^arğ°ntomhì kupeljó-d'órğhomhi^`ad-tlālâ:)
(Anna eine Tee-Schale mit silbernem Schalen-Halter herangetragen habend:)

>Ğhárjomai ^mè tvemhì, ^Jânimhì, Bole-çloviakòns troúkons ge-ğnώvusîl.
>Ich freue mich, dass ich durch dich, Hans, Bunzlauer Tröge kennengelernt habe.

^Oʙhi-stāties som-g√olhénio ^nè prijataì, ^nò qós-qe hastр̀r ^sù-^voiçitvénnon
Die Umstände sind leider unbehaglich, aber jeder Stern einen zivilisierten

pónth°n diçnújηt.<
Weg möge zeigen.<

(^Jânis:) >^Eğώ ğhárjomai tvemhì ge-ğnώvosèl ᴙájωs kupélia
(Hans:) >Ich freue mich durch dich kennen gelernt zu haben die Tee-Schalen

kÞāro-harğ°ntomhì^kupèlio-d'órğhomhìs.<
mit Schalenhaltern aus Zaren-Silber.<

(^Rηğînā ʙн°lhnamhì ğhesrí:) >Dju-krónghωn kÞāro-sélʙhromhì!<
(Régine mit einem Bol in der Hand:) >Himmelsscheiben mit Zarensilber!<

(^Jânis:) >^Nú ^ma ^sù-^voiçikà had d°nğhu-ğhérm'nă!<
(Hans:) >Nun aber zu den bürgerlichen Zungen-Freuden!<

(Treîs^èn pèqtoríāns pó-^jenti. °Viçvahì kámhrahì ʙhlĩğtronikòn ^óqÞi hen-stānitòn
(Die drei gehen in die Küchen. In jeder Kammer ein Elektro-Auge installiert

kiti-ho-dìçtromhì ^jugtón, tâli ^jòd qân-qe hèn kámhrān pó-heiti^anğhḕn,
mit Bewegungsanzeiger verbunden, derart, dass in welche Kammer die Person geht,

tesjò kaitùs d'eughéseis ^èpi-ʙhănutaí..
dessen Bild auf den Geräten erscheint.

^Ánnahì ^mlînon ^ωga-ghrîsm°n°mhì tepú - qe ҷájωs ^vódar hartíj°ntihì,
Während Anna einen Blin mit Frucht-Aufstrich und heißes Teewasser bereitet,

^Jânis p°lno-ğrānikòn pânin peqtωì hωjóvei praì-^néçeti k°rsn'- ^aqân - qe ^eğh'
holt Hans ein Vollkorn-Brot für ein gekochtes Ei herbei und zieht Schwarzwasser aus

kàqa-sutóros d'râgheti, ^Rŋğînahi teruì hauro-sçînei
dem Kaffe-Sieder, während Régine in zartem Morgen-Schimmer

çrŋ́sçont°n g√horésalahì peiménno-káqamhì ʙh°lhnân`p°lneúti.
ein Croissant erwärmt habend einen Bol mit Milchkaffee füllt.

Qós-qe hèn ^esjò kámhrān ^áp'-^eiti skevio-parhtiò ^antèromhὼ
Jeder in seine Kammer zurückgeht, wolken-partnerlich mit den anderen

 prωì- ğustál.)
früh zu kosten.)

(Beğhìt's ^ó-neidos: /Von draußen Geschimpfe:)

'Das Außen-Licht stört den Schlaf!'

(^Rŋğīnā:) >Qìd ^e-tód?<
(Régine:) >Was ist das?<

(^Jânis:) >^L°nğhù вhoújon .<
(Hans:) >Eine ine leichte Bö.<

(Beğhìt's:) 'Das Licht stört unsre Ruh; und Multi-Kulti noch dazu.<

(^Jânis:) >^Ó-neidos ^memhì ^en-klaukatamhì в'eğhì-^lúkimhì.
(Hans:) >Geschimpfe durch das von mir eingeschaltete Außenlicht.

Bhlīğtro-^вólωs ^apo-вhrūgmòn ^àn ^mi-^meísonti<
Vielleicht wollen sie den Stromverbrauch minimieren.<

(^Rŋğīnā:) >Dus-^jǫ́rahis ^Ã-^vidùs^epì hàn вhlīğtró-вolon ^apò-klaukájeti..<
(Régine:) >In schlechten Jahren vielleicht der Hades sogar schaltet den Strom ab.<

(^Jânis:) >^Ãdheró-^loukos ^epì вhūt ^m°ndrós.<
(Hans:) >Die Unterwelt selbst wäre weise.<

(^Ánnā:) >^E-çeì piskó-skendnon ^néвhos ^Névās ^upér.<
(Anna:) >Hier ein fisch-schinniger Himmel über der Neva.<

(^Rŋğînā:) >Çeì çrīlâ ^nophretetikὼs svenòs ^úd-g√°mtìs.<
(Regine:) >Hier der schöne der nophretischen Sonne Aufgang.<

(Treîs ^en çvòr-ğeúsons ^en-g√âdhontai.)
(Die drei in die Früh-Genüsse tauchen ein.)

(Beğhìt's ^voqὼn / Von draußen Stimmen :) 'So was ist nicht erlaubt!'

(^Janis:) >B'eğhú-ʙhωs ^en-klaúkaħa, ^mὴ ^noqtì ^mîmo-hòdejóntωn
(Hans:) >Das Außenlicht habe ich eingeschaltet, damit nicht nachts Vorbeigehende

^mωro-komomhìs ^vâjontai. ^Mòçs ^apo-klaukásjω.<
sich durch die Brombeerzäune verwunden. Bald werde ich es abschalten.<

(Ánnā:) >^`Ω-djὴ ksāmerikòs ^sahùl-perí-^vortos. Proteròn moì ^mâtηr
(Anna:) >Heute ist Sommer-Sonenwende. Früher meine Mutter

^è-tomhì dinì haúsramhì^sāùl-^mlînomhìs ^°nsmeîs ^e-ğhórηst
an diesem Tag morgens mit Sonnen-Blinen uns erfreute

^attikeì ^en-^sè-soqvósi svenòs ^sù-/dus-ʙhágωt's.
während Vater erzählte von der Sonne Segen und Fluch.

^Bhèlhahì ^noqtì Dju-hanὴs ^ognìs ^vétesos ^vérsm°n.<
In der weißen Nacht das Johannes-Feuer des Jahres ist Höhepunkt.<

(^Jânis:) >Prωì putlíahì qìd ^ώ-hωda, plὴìs ^nè ^voída.
(Hans:) >In der frühen Kindheit, was ich gegessen habe, weiß ich nicht mehr.

^Nò kóron postì paúlā ^samīdúlā dinì ğholonjὸs hήst glómʙhos. <
Aber nach dem Krieg eine kleine Semmel am Tag war ein Gold-Klumpen.<

(^Rηğînā:) >Kórωs ^jώrahì moi ğenhtórous açánωs ^ήst g√honá.
(Régine:) > In der Zeit des Krieges meiner Eltern war des Essens genug.

^Nò kóron postì ^v°lqetὼs ^e-heídheto góldhωs.<
Aber nach dem Krieg wölfischer brannte Hunger.<

(^Ánnā: >Qìd ^sú-ʙhagos, ^jòd ^e-taì^jώræs gorğnaì pro-hitaí,
(Anna:) >Welch Glück, dass die schrecklichen Zeiten vergangen sind,

^jòd ^nóvos ^aivὼn ^eğh' ^ásgās ^ud-pé-pote.<
dass ein heilsameres Zeitalter aus der Asche aufgeflogen ist.<

(Beğhìt's voqὼn:) 'Wir haben Mut zur Lücke, haun Erleuchtetes in Stücke!'

((B'eğhìt's toròn g√etoùs krétesos. Beğhvî ^lâpnā ^vi-spliztâ.)
(Von draußen durchdringendes Glas-Klirren. Die Außen-Lampe zersplittert.)

(^Voqὼn ^rugjóntωn:) >Die falsche Lampenpracht ist nun zerkracht!<
(Stimmen brüllende:)

'Trrrr, trrrr, trrrr...'

(^Jânis:) >Kolk(o)lájeti. Pó-heimi qid ^ésti ^vidή́l.<
(Hans:) >Es läutet. Ich gehe zu sehen, was es ist.<

(Ã-ğnωtos ^èn-^odéjeti /Ein Unbekannter tritt ein:)

>Einen wunderschönen guten Morgen. Mein Name ist Hermes. Ich bin Anführer eines demographischen Reinigungsdienstes. Wir demonstrieren für eine saubere Heimat. Wir wollen nicht, dass dunkle Gestalten sich durch Ihr Außenlicht hier orientieren können.<

(^Jânis:)>Was wollen Sie eigentlich?<

(Hermes:) >Ökonomische und blutsmäßige Reinheit.<

(°Jânis:) >Sie mögen Notleidende von Außen nicht?<

(Hermes:) >Sie verschlingen unser Brot und benutzen nicht einmal normale Toiletten. Wir brauchen eine neue Sauberkeits-Kultur.<

(^Jânis:) >Was ist mit dem Außenlicht?

(Hermes:) >Leider hat ein Stein Ihre Außenbeleuchtung getroffen. Ich bestreite jede Absichtlichkeit. Aber es ist ja auch ein Segen, wenn durch Zufall die Orientierung für ldie Lichtscheuen erschwert wird. Wir handeln ganz im Sinne der hiesigen Anwohner. Selbstverständlich kümmern wir uns um den Schaden an Ihrer Lampe.<

(^Jânis:) >Das will ich hoffen.<

(Hermes:) >Durch uns kann unser ganzes Zaunburg hoffen.<! <

(^Jânis:) >Sie haben mich aufgeklärt.<

(Hermes:) >Äh, meine Freunde warten draußen schon auf mich. Ich bin unabkömmlich. Ich freue mich über Ihre Toleranz uns gegenüber. Im Namen der Reinheit, auf Wiedersehen.<

(^Jânis:) >Bitte nicht.<

(Hermes ^apò/ab.)

(^Ánnā:) >^O-sqérion,<
(Anna:) >Seltsam.<

(^Jânis:) >Комо-в'ºrğhískωn ^āstakὼn вhoújωn.<
(Hans:) >Zaunburger Heimat-Böen.<

(Treîs pro-dolghájonti prωì-ğustál.)
(Die drei fahren fort zu frühkosten.)

(^Rηğînā:) >^Ju-dvὼ, qòs ^ω-djὴ dapnηις deìn ^mè-^mórou?<
(Regine:) >Ihr zwei erinnert euch, welch Festtag heute ist?<

19

(^Jânis:) >^Aaaa. -Bhlîğs! - Ω-djɳ ^Ardéskās ^nòs dein!<
(Hans:) >Aaaa. -Blitz!- Heut ist unser Tag der Ardèche!

(^Ánnā:) >^Nì-^jodὼ ^menè ʙhûsjeti ^morséjl ^ausrân ^Ardéskās ^nà hapérou.<
(Anna:) >Nie meiner wird sein Vergessen den Morgen an den Ufern der Ardèche.<

(^Rɳğînā:) >^Vetesὼn q°rneúti penqé-ç°ntă .^Veîs ^ɳ́sme ^vìd-^jetúnѡn.
(Régine:) >Es macht an Jahren fünfzig. Wir waren Studenten.

^Nosὼn todὼ hɳ́st^jetnó-paustis deçsíahì
Unserer damals war eine Studienpause im südlichen

Kaldhu-Rὼmaníahi. ^hH̄st çsâmar, ^çsămerinòs ^sāul-perí-qolos,^piçùlakὼs çsārѡ́s.
Kelto-Romanien. Es war Sommer, Sommer-Sonnenwende, teuflische Hitze.

Gelitòn^ e-hîssçome hug√rón. ^Ardéskā – srévonts perí-d'oiğhos ^en-skaptòs
Das kühle suchten wir Nass. Die Ardèche – ein fließendes Paradies eingeschabt

çitíѡn ^entèr ʙéndѡn.<
zwischen weißen Felsen.<

(^Ánnā:) >^Voὺ proçéjѡ hoqÞí-pet peri-^manɳ̀l: ^Ω-djɳ dapnikòs dein. ^E-tòd
(Anna:) >Ich bitte euch einen Augenflug zu warten: Heute ist ein Festtag. Das

^sὺ-volìomhì arğ°ntomhì çvenìjenós. ^Éti nì-^jodὼ tà hèpi-dé-dhɳḫa.^Attikòs tà
mit kostbarem Silber ist des Feierns. Noch nie habe ich es aufgelegt. Väterchen

heğh' kórѡs prai-^nè-^noçɳḫe. ^OqÞí-pet ^oinón.<
hat es aus dem Krieg mitgebracht. Einen Augenflug.<

(^Ánnā harğ°ntòn ^epi-dhηlòs:) >^Nò per-apò dò hArdéskān.<
(Anna das Silber aufgelegt habend:) >Aber zurück zur Ardèche <

(^Jânis:) >Doíçon ^e-pútāsme.<
(Hans:) >Wir erforschten die Gegend.<

(^Rηğinā:) >^Āpérei pro-p°rhnà çóvia d'oiğho-piçtúramhìs
(Régine:) >Im Ufer die vorgeschichtlichen Höhlen mit Wandgemälden

doiçéj°nt^maghukὼn, ^atta-dhη(s)ménnωn ğhvηrώn.
zeigend magische, vater-heiligende (oto-teman) Totem-Tiere.

^Ardéskā todὼ^udénos, piskὼn, p°nthὼn^ǹd diçájās ^vidâs ^e-dώnajet..<
Die Ardèche damals schenkte Wasser, Fische, Wege und Richtungs-Wissen.<

(^Jânis:) >„°Ardéskā" ^àn^véqestòs „^ordéjeti" ^apó-^vedh°nt ^som-ğnātâ
(Hans:) > „Ardèche" wohl vom Wort „macht fließen" sich ableitet, verwandt mit

^nωm°n °mhì „Ardvî" ^vὴ kaldhunikὼt's „(p)ar-déçsíā" ? Skerdakò
dem Namen „mythischer Fluss" oder vom keltischen „vor dem Süden"? Scherzhaft

dvitân ^megheì ^ve-^vólaħa tólpān.<
die zweite für mich hab ich gewählt Möglichkeit.<
–

(^Ánnā:) >É-stāt ^àd ^mè todὼ doustérei g√îv°ntîn gorğòs
(Anna:) >Trat zu mir, der damals im Westen lebenden ein schrecklicher

^sāúl-g√horhòs. ^Éti çejós-dinòs ^eğὼ^moì pélm°n ^vrùjenós. ^Moì hãstakeì g'órdhei
Sonnenbrand. Noch heutigen Tags ich mein Fell des Schützens. In meiner Heimatstadt

^sçijahì ^vὴ ^noqtì hoívo pò hūlikíāns dh°rsneúmi hodéjl.<
im Schatten oder in der Nacht nur durch die Straßen ich wage zu gehen.<

(^Rŋğînā:) >^Veîs treîs ^ne-ğhì hή́s°nt ğnωtoí. ^Ánnā pelni he-skûlāst ^versíjos.
(Régine:) >Wir drei nicht waren bekannt.   Anna zeltete oberhalb.

^Jânis ^eğώ – qe somo-^v°rsù skūla-pelnikì he-g√îvoves, ^ónos ^sroútωs,
Hans und ich gleich-hoch im Zelt wohnten, jener auf dem einen Ufer des Stromes,

^āpérei hoineì, ^eğὼ hantérei.<
ich auf dem anderen.<

(^Ánnā:) >Djή́us ^ή́st çsāròs ^ug√rós – qe, ^sroútos (s)tenùs ^vódios
(Anna:) >Der Himmel war heiß und feucht, der Strom ein enger Wadi

çorkálamhìs pò b'édhos.<
durch ein Bett aus Kieselsteinen.<

(^Jânis:) >^Vesqeròn protì svolplio-ğholὼn svordὼn snoùdho-g√orώn!
(Hans:) >Gegen Abend schwefel-grüne, schwarze Wolken-Berge!

^Nевhos^ajesnó-g√odhòn вhlīğtro-kūtikò trèsení.
Die Luft metallisch-stinkend blitz-fühlig im Zittern.

Peranὼs dórdωs, ghromàl, ^upsatòs træ-træ-træ-træ: sçuvi-^vèrongáωn! Todὼ
Fernes Brummen, Donnern, von oben trä-hä-räh: Schuß-Ketten! Dann

Bhlîğs! - вhlîğs! - Bombó-doupos! Blîğs! ^Ánhmās strigtís. ^Vreknὼs, ^vórsω,
Blitz! Blitz! Bomben-Knall – Blitz! Atem-Stillstand! Fein-Regen, Regen,

^vórsωs g√aroùs! Bhóngωs! P°rsὼn! Bhlîğs! Bhlîğs! Doúpωn!<
schwerer Regen! Sturzregen! Wasserfälle! Blitz! Blitz! Knalle!

(^Ánnā:) >^Eğὼ ^moì ^lăkro--tégesos ^upò tresení!<
(Anna:) >Ich unter meinem Fetzen-Dach im Zittern.<

(^Jânis:) >^Mraǧhùs gorǧnó-dius, ^mòçs pro-hitâ.<
(Hans:) >Ein kurzes Gewitter, bald vorbei.<

(^Rŋǧînā:) >Gorǧnó-dius ^ap-^e-kjéveto teutikòn ^àd^úd-^jānon ^Alвháωn podí.<
(Régine:) >Das Unwetter zog ab zum Nationalpark am Fuß der Alpen.<

(^Ánnā:) >Ûd-^anhèl. ^L^nghù g'énǧhel tusnihì pηsnù-pūrὼs ^upò ^néвhesos.<
(Anna:) >Aufatmen. Leichtes Schreiten unter stillem, staub-reinem Himmel.<

(^Rŋǧînā:) >^Medhjân dò ^nóqt°n – supnòs ^ne-qíd. Todὼ ^lήnon g√ādhél-se.
(Régine:) >Bis Mitternacht an Schlaf nichts. Dann langsames Absinken.

(^Ánnā:) >Svopníei ptὼ hajesnomhìs gorǧnó-djumhìs pò ^loúkon.<
(Anna:) >Im Traum Stürzen durch eine Welt aus Gewittern.<

(B'eǧhìt's / Von draußen:) >Hört, hört, hört: Die Lampe ist zerstört!<

(^Jânis ^eǧh' ^oqnὼs derçómenos:) >^Ónoi k°rsneìs ^oino-véstuhis
(^Jânis aus dem Fenster blickend:) >Jene in schwarzen Uniformen

^ognηìs perì déjonti, ^èn ^jòn ^loǧωn ^í-jenti.<
um ein Feuer tanzen.in das sie Bücher werfen.<

(^eǧh' ^oqὼs ^apo-^v°rtὼs kreíkjonts:) >Wenn Sie nicht aufhören, die Stadtwache
(aus dem geöffneten Fenster schreiend:) >^Jeì ^nè strigájete, ^voiço-^voríān

ruf ich herbei.<
praì-ǧhávω.

(Qélos в'eǧhùt's / Gruppe von draußen:) >Ha, ha, ha...Dann wird Herr Hermes die
Faust des Volkes ins Spiel bringen!<

(^Jânis ^oqnòn ^epi-tudsalòs:) >^É-stāt ^àd ^mè çlûl, ^qón-qene
(Hans das Fenster zugeschlagen habend:) >Trat zu mir das Hören, dass ein gewisser

Korió-^manun çeì^nóvān ^mi-^meisèl spólnān, g'òrdho-pūtikân spólnān.
Hermes hier eine neue Partei gründen wolle, die Stadt-Reinigungs-Partei.

 Esjò ^méntron: 'Sú-вhagos ^oívo paúlomhì pūromhis peri-d'óiğhomhìs .
Sein Wahlspruch. 'Glück allein durch kleine reine Paradiese.

^Alg√hatnòss krovíomhi som- jugtis'.<
Von Geld mit Blut Vereinigung'.<

(^Rηğînā:) >Todὼ hàn-uçtœs ^moçs ^vórsei stâsjonti ^<
(Régine:) >Dann werden die Unerwünschten bald im Regen stehen.<

(^Jânis:) >^Nos skèvio-paríā ^sjὴt çélmos.
(Hans:) >Unsere Wolken-Partnerschaft möge ein Schirm sein.<.

(^Rηğînā:) >^Àd ^mlînons, ^ad p°lnó-ğrānon,^àd çrήsçont°ns...<
(Régine:) >Zu den Blinen, zum Vollkorn, zu den Croissants...<<

(Ánnā:) >^Ωgâ-ghrīsm°n - ğ(e)rano-hώgamhìs – divjón!<
(Anna:) >Der Fruchtaufstrich – aus Kranichs-Beeren– göttlich!<

(^Jânis:) >^Sūrí-tūron – d°nğhúās svādónā!< (Treîs prωì-ğustàjení.)
(Hans:) >Der Käse – eine Zungen-Lust!< (Die drei im Frühkosten.)

(^Jânis:) >Tâlin ^sūrí-tūron ^ad ^Ardéskān gé-ğousa!
(Hans:) >Einen solchen Käse an der Ardèche hab ich genossen!

Todὼ honώrion svépar. -^Aвhnὼt's ^médhjahì ^noqtì, - ^vὴ ^joù ^ausrahì? -
 Dann traumhafter Schlaf. - Plötzlich mitten in der Nacht – oder schon am Morgen?

svizmòs ^morískās qὼ túrʙās, ^vᵒlnáωn doúpos, doúos, doúpos! Tomhrὼs
ein Zischen wie Meeres Lärm, Wellen-Getöse-Getöse-Getöse! Betäubt

^nà ʙ'eğhìn ^menè hé-ʙhūt çonkál. Tώ! Vódios - ^ráʙhjonts ^meğă-^vᵒlmis!
nach draußen meiner wurde Schwanken. Der Wadi eine reißende Groß-Welle!

Spoímos pelni-skûlān ^áp'-^e-rut. Dhvéslos! Ghrómos! Bhlî ğs! Pérān pelni-skûlā!
Der Feim die Fell-Hütte riss weg. Sturm! Donner! Blitz! Drüben die Fell-Hütte!

^M' é-kelet ^èn pludimóns. ^Eğὼ perhenòs, ^sη̣mi-snâjonts,
Es trieb mich in die Fluten. Ich des Hinübergelangens, halb schwimmend,

^sη̣mi-stompéjonts. Kaljávωn ^rotùlajóntωn^moì podoùs ^upér!
halb stampfend. Rollende Steine über meine Füße!

^M' ap'é-kelet. Protí- hrāl.^Sη̣tóvi praì pelni-skûlān. ^Juvᵒntìs dórmjᵒntî.
Es trieb mich ab. Gegenrudern. Endlich am Zelt. Die junge Frau schlafend.

Tân ^é-d'râghᵒn ^nà tᵒrsú. Todὼ téqel dὸ téntlon ^versíjos. ^E-sâ ^juvᵒntìs ^epì
Ich zog sie ins Trockene. Dann Laufen zum oberen Zelt. Auch diese Jugendliche

dormjᵒntî. D'râghel ^èn tᵒrsú. ^Véstues ^ug√roí. ^Aídhωs ^^īssçél. ^Nò qú?
schlafend. Ziehen ins Trockene. Die Kleider feucht. Brennholz suchen. Aber wo?

^Viçvà ^makrá. Tᵒrsoùs hoívo qìd ^novosti-ʙholíωs ğᵒrsώs – qe droús ^upó.
Alles nass. Nur etwas von einer trockenen Zeitung und Gestrüpp unter einem Baum.

^Ogneîs. ^Sη̣tóvi tepleí. Todὼ ğhlídhjonts ^rītu ^mâkωn políωn upér.<
Feuer. Endlich im Warmen. Dann glitzernder Morgen-Mohn über den Feldern.<

(^Ánnā:) >^Mώlomhì ^veîs ^oívo galimoì^epi-^vetél-se. ^Veqesὼn paúkon.
Wir nur mit Mühe konnten uns verständigen. An Worten weniges.

Tusnì hoívo^sòm-^sedńl.<
Nur stilles Zusammensitzen.<

(^Jânis:) >^Móçs ^vi-hé-dolîsmedhă t°rsúωn vesm'nὼn ^ná-dhŋtun. ^Eğὼ dalhù
(Hans:) >Bald trennten wir uns trockene Kleider anzuziehen.   Ich weiß

^ijenòs dò hupér-ponth°n ^ánteròn ^àd ^âperon.<
des Gehens zum Überweg an andere Ufer.<

(^Ánnā:) >^Veîs komso-kúskei he-^mώdmedha káqamhì, чájomhí – qe teplò
(Anna:) >Wir in einem Imbiss-Häuschen trafen uns mit Kaffee und Tee warm

prωì-ğustál. ^Lή́no hapò-dhūmál-se. Dò ^mrağhoùs paròs ^éti h<u>ā</u>-ğnωtoi ^veîs ^nù
früh zu kosten. Langsam Entspannung . Bis vor Kurzem noch unbekannt wie nun

çoìvotérωn ^é-вhūme.<
wurden vertrauter.<

(^Rŋğînā:) >Ħdíωn ^e-qríame.
(Régine:) >Wir kauften Essbares.

(^Jânis:) >^Ħd ^sç°rnòs ^mélğtron.<
(Hans:) >Und Klo-Papier.<

(^Ánnā:) >^Sŋtóvi pelni-skûlān ^eğh'-^e-^loiqŋsme tân drumòs ^angúlei
(Anna:) >Schließlich liehen wir uns eine Fell-Hütte, diese in einem Waldwinkel

^úd-tenghtun.<
aufzuspannen.<

(^Jânis:) > Áti-^lidvîn, nò çoléj°ntî.<
(Hans:) >Überaus klein, aber wärmend.<

(^Jânis:) >^Eğὼ hén-^e-sqon ^mè pᵒrhneì ^Rŋğiò-gVorhì ge-ğnāvoséls-se,
(Hans:) >Ich erzählte, dass ich im vormaligen Königsberg geboren sei,

^nù- ma Komó-в'ᵒrğhì g√îl ^indu-heurὼpajáωn dᵒnğhuáωn jétontᵒn.
nun aber in Zaun-burg lebe indo-europäische Sprachen studierend.

^Nos ğnātηìs ^eğh' ^Rŋğio-в'érğhesos вhugât's ^èn-^è-sqon.
Von unserer Familie Flucht aus Königsberg erzählte ich.

Putlíon g√þójωs^sᵒntjòn gorğòn ^nè-ğhì hepi-^vé-^vota.
Als Kind habe ich das wahre Grauen des Untergangs nicht verstanden.

Posteròn - ^Meha-hílous Veíçωs ^é-^leğon ^ópos „^Rŋğio-B'érğhesos G√hþójωt's
Später las ich Michael Wieks Werk „Zeugnis vom Untergang Königsbergs"

 ^Sòm-^viztórion. Tὼ sòm-gé-g'roвha.<
             Da habe ich begriffen.<

(^Rŋğînā:) >Tù hήss ^sù-^mᵒndròs ^mérios.
(Régine:) >Du warst ein ver-nymphtiger junger Mann.

^Eğὼ hén-^e-sqon piçtrîn ^sjūtrîn -qe Bark'-^alaníei
>Ich erzählte als Malerin und Schneiderin in Barcelona

g√îl, ^jeì hepì ^Víçei Kalítei ğnātân.<
zu leben, wenn auch in Vichy geboren.<

(^Ánnā:) >^Eğὼ hén-^e-sqon, Çvento- Petró-вᵒrğhì ge-ğnāvosél-se, ^nù Prijò-вᵒrğhì
(Anna:) >Ich erzählte, in Sankt-Peter(s)burg geboren zu sein, nun in Freiburg

^vid-^jetᵒntî Puskînωt's^voido-^vorğían ^nì-piçál.<
studierend über Puškin eine Wissens-Arbeit zu schreiben.<

^Veîs ğhes°r°mhìs g'r°ʙhsaloì káliç°n ^é.turont
Wir mit den Händen uns gefasst habend einen Kelch bildeten

ğhvώqās perì médhjei djâtun. ^H̄st Djù-hanṇ̀s deín.<
um eine Kerze in der Mitte herum zu tanzen. Es war Johannes-Tag.<

(^Rηğînā:) >Todὼ stenvjahì pelni-skûlahi ^noqts! ^Nì-^jodὼ haljótro ^é-g√āt
(Régine:) >Dann in der engen Fell-Hütte die Nacht! Niemals sonst kam

^àd ^mè ker(p)mennās ^som-ʙhūtṇ̀ìs tâli ^sú-ʙhagos. Kútis prai kútin!
zu mir des körperlichen Zusammen-Seins ein solches Glück. Haut an Haut.

^Entér-dūn ^veîs skèvio párω̄n be-ʙhumé.<
Inzwischen sind wir Wolken-Partner geworden.<

(^Ánnā:) >Ne-çrézdhetòn: Qosmώt's-qe ğhþămòs stigtòs ğhămónes sómo-^jὼrakò
(Anna:) >Unglaublich: Von jedem Punkt der Erde die Menschen zeitgleich

galimoì ^vidή́l-se. ^Loukos ^vósano-kámhrā bé-ʙhūve.<
können sich sehen. Die Welt ist ein Wohnzimmer geworden.<

^Nò ^menè voὺ ker(p)ménnā prai-^s°ntíā hésti he-ğhή́l.
Aber meiner Eure leibliche Präsenz ist vermissen.

Pétonts qὼ ğhÞûs kûjomai ğhώrās ^upèr
Wie ein fliegender Fisch fühle ich mich, mich über Land

gu-ğhulanòs, ^morη̣ìs g√'edhoménā. Petró-ʙ'°rğhs gelitòn ^sù-skóvaton.<
verirrt habend, mich sehnend nach Meer. Petersburg ist kalte Pracht.<

(^Jânis:) >^Nóvω̄n ^ésti d'oiğhω̄n doustérω̄s, çoustérω̄s ^entér. Skevio-paríā
(Hans:) >Es gibt neue Mauern zwischen West und Ost. Die Wolkenpartnerschaft

^àn d'oíğhons galimâ trâl.
vielleicht kann die Mauern überwinden.

(Beğhìt's ^voqὼn, ğhesar-krotèl:)
(Von draußen Hände-Klatschen:)

'Geil! - Das Außenlicht ist Schutt, Multi-Kulti geht kaputt!

(^Jânis:) >Комо-в'ºrğhískā prij'^armoníā.<
(Hans:) >Zaunburgerische Philharmonie.<

(^Rηğînā:) >Sanutérωis prijatóreis.<
(Régine:) >Für besondere Liebhaber.<.

(Prωì-ğustál.)
(Frühstücken.)

(^Ánnā:) >ºSeqomenon deín'n ^^eğh'-dromân ^èn Çeì-вéndāns ^e-kjúmedhă
(Anna:) >Am folgenden Tag unternahmen wir einen Ausflug in die Cévennen

^Rηğînās „Dvojmhὼ héçvomhὼ".<
mit Régines „Deux Chevaus".<

(^Ánnā:) >^Eğὼ me-^mórā: ^Çonkhó-slīvos djήus! Gléğnωn g√oráωn,
(Anna:) >Ich erinnernd: Muschel-blauer Himmel! Zarte Berge,

stlānò-svengòmenáωn dholīnáωn,^augtὼn çvitrὼn ^óndωn, sroutomhìs
weit-schwingende Täler, hohe weißliche Felsen, von Flüssen

^vetesὼn tūs-ğhéslomhìs trah-skaptón. Drumὼn çopjóntωn.<
in Jahrmillionen durch schabt. Flötende Wälder.<

(^Rŋğînā ^viprâ:) >Çunὼn, qù^vetesὼn
(Régine begeistert:) >Höhlen, wo an Jahren

palu-ğhésloвhòs ^vesqeriájωn prωístωn ^é-g√ivont,
seit viel-tausenden früheste Abendländler lebten,

qù çoulíeis perístωn kerdónωn dhelgtikáωn ^atta-dhη̨smennáωn ğhvη̨r-
wo in den Höhlen erste Künstler hinreißende vater-göttliche (Totem-)Tier-

piçturáωn ^àd ^óndons ^jè^jăhή̨r.
Bilder an die Felsen geworfen haben.

Ğhămὼn ^joù hùd'-^reğtòs tèr ^é-^veset.<
Schon Homo erectus wohnte dort.<

(^Jânis:) >Pò Çeı̀-вéndāns Dhή̨tη̨is qὼ sm°rtikòn pò doíçon
(Hans:) >Durch die weißlichen Berge wie durch der Thetis Erinnerungsland

^e-keloúdhon. Çeı̀-вéndæs Dhή̨tη̨is ^leiqnos: Çvitrὼn ^óndωn
wanderte ich: Die Cévennen sind ein Erbteil der Thetis. Weißliche Felsen

p°rhnáωn ^rīpáωn^mori-b(h)údnomhı̀s, ^vodo-^vimвánomhis, çónkhomhı̀s.
vormalige Riffe aus Meeres-Knospen, Seetang, Muscheln.

Tèr permíωt's g√īvótnωn ke-karùaħή̨r-se, tâli ^jòd ^aisçatóres
Dort seit dem Perm Lebewesen haben sich versteinert, derart, dass die Forscher

galimoı̀ hή̨s°nt g√īvótās ^vi-^vélutin ^aivontòs ^o-sdno sálvā jodὼ g√īvótā
fähig waren, des Lebens E-volution seit der Zeit, als fast alles Leben

^àn dju-dhrùpm'nòs ^en-pórgomhı̀ ^e-^néçjeto,
vielleicht durch Einschlag eines Himmelsbrockens vernichtet wurde,

^apò-skevál. ^Àn ^e-sò hén-porgos ^Ki-çvant-ğhÞem°n ^vi-^se-spólηђe,
zu rekonstruieren. Vielleicht auch dieser Einschlag Pangäa hat gespalten,

tâli ^jòd ^róvos ^é-ğenhto ^som-údrѡs ^ap°mhìs ^som-plηjómenos:
so dass ein Graben entstand mit des All-Ozeans Wassern sich füllend:

p°rhú-dhηtis, ^jesjâs ^népots ^nù ^nòs tríѡn ^sòm-dhenúѡn ^entèr-^móri,
die Ur-Thetis. deren Enkel nun unser Meer zwischen drei Kontinenten,

„^Medhjamòn ^móri".<
das „Mittelmeer".<

(^Rηğînā:) >^Veîs t°rsù he-hîssçomos pelni-skūlàl ^mѡízton.
(Régine:) >Wir einen trocknen suchten zum Zelten Platz.

^Veîs ^nù ^^nositѡ̀n hé-вhūme ğnātìs.<
Wir wurden nun eine von Geretteten Familie.<

(^Jânis:) >^Voù dhousíā - ^moì dhousíā.<
(Hans:) >Eure Seele – meine Seele.<

(^Ánnā:) >^Veîs pelni-skûlām^ud-^reğsaloì ^smòghuríamhis ^èğh' kúskѡs
(Anna:) >Wir die Fell-Hütte aufgerichtet habend mit Leckereien aus dem Kiosk

g√rendhés°n ^veljó-^vestin ^e-kjúmedha.<
eine grandiose Lust-Jause setzten in Gang.<

(^Voqѡ̀n / Stimmen:)
'Schluss mit Sodumm und Gemurre!
Schwarze, Schwule Asylanten
Sind für uns nur Ekelbanden!'

(^Jânis:) >^S°ntjòs ghóros ^miğhstikós.<
(Hans:) >Ein wahrer Chorus misticus.<

(^Ánnā:) G√ólhenno doíçeis ^alitéreis ^epì tâlins ğhvónons çlúvetòns.
(Anna:) >Leider sind auch in anderen Gegenden solche Töne zu hören.<

(^Voqὼn / Stimmen:) 'Unerwünschte raus, Wir wollen ein Gemeinschaftshaus!'

(Ánnā:) >^Eğὼ ^Lηnino-g'órdhei ğnātòs. Tèr ^epì hen-^óqωn dvώ.<
(Anna:) >Ich in Leningrad geboren. Auch dort zwei Gesichter.

Ğheímnos ^Dhvorékios, çoùhrā вhelho-ğhlωro-ğhòlanjâ ^stūnájā-pélhs.
Der Winter-Palast, die riesige weiß-grün-goldene Säulen-Burg.

^Meğă-Pétrωs tvóranon, ^Rώmāt's, Bhlωrentíāt's ^vὴ
des Großen Peters Schöpfung, viel jünger als Rom, Florenz oder

^Vindo-вhúdhnāt's - qe^jūníωs palú. ^Nó çrī-dhvórωn, dju-sedráωn,
Wien. Aber die Pracht der Herrscher-Höfe, der Kat-hedralen,

piçturáωn çelháωn skóveton, ^som-svoníās, balbalíās, ^voqo-tvoránωs
der Bilder-Hallen, die Welten der Musik, des Tanzes, der Wortkunst

^loúkœs ^alíωn ^ne paúkon вhelgóntωn^epi-^morkéjeti.
 nicht wenig anderes Glänzendes verdunkelt.

^Viçvà hatí-qene ^(v)rusiká: Dhvorékjœs, dju-sédræs,
Alles überaus russisch: die Paläste, die Kat-hedralen,

^leúdhies. ^Som-^vòdhiвháωn plūdimὼn ^ati-prò-dlàghateìs gāuro-^voğháneis.
die Leute. Von Hochzeiten Fluten in über-verlängerten Edel-Wagen.

^Nò Çvént' Petró-в'ºrğhs, ^jòs ^nè ^lé-^luktaì ^Vesqeríān ^nè ge-ğnωú.
Aber Sankt Peter(s)burg, wer nicht gesehen hat, kennt das Abendland nicht.

Qìs ^nè ğºnnâti Puškínωs ^Sù-ğenési Onegínei ^au-qωçánωn palù
Wer kennt nicht in Pushkins „Евгеный Онегин" der Hinweise viel auf

doústernòns ^èn piçatórºns? Doustrakòn ^augtórωn qóti ^Lηnìno-g'ordhískœs
westliche Autoren? Wie viele westliche Autoren die Leningrader

peri-klauzmὼs ^jώrahi ^le-l'ğή́r!
in der Zeit der Umschließung haben gelesen!

(^Jânis:) >Tù galimâ gaurâ вhûl Petrò-в'rğhískā.<
(Hans:) >Du kannst eine stolze Petersburgerin sein.<

(^Ánnā:) >^Nò, ^e-tesjò g'órdhωs ^epì tomnâ hésti spólnā:
 (Anna:) >Aber, dieser Stadt auch ist eine dunkle Seite:

^ā-вhagatíās, ^ágesos, sçºrnós. - ^Moì hattí-doiços ^ºrto-kÞă̆trωs ^ne-ğhí.
Armut, Verbrechen, Schmutz. Mein Vaterland ist kein Rechtsstaat.

Per-devès вhώjomai^veços-kÞătríān galimân ^mè ^sóm-g'reвhèl..
Ich fürchte andauernd, Willkür könnte mich ergreifen..

Dousterikomhì ^sāul-g√hóromhì ^oívo sçâjahì ^vὴ ^noqtì pò hūlikíāns ^eími.
Mit westlichem Sonnenbrand gehe ich nur im Schatten oder nachts durch die Straßen.

^Nò doustérωs ^epì góldos hὴd pelnakomhì ^âğhimhì ^me hapo-spºrnâti.<
Aber auch des Westens Kälte mit Gewinn-Gier stößt mich ab.<

^Nòs skèvio-paríā ^moì hāstòn.<
>Unsere Wolken-Partnerschaft meine Heimat.<

(B'eğhìt's ^voqὼn:)
'Wir brauchen keine Fremden.
Die rauben uns die letzten Hemden.
Nicht einmal als Brennholz kann man die verwenden.'

(^Jânis:) >^Vidî tér! - ^Vesqeríās ^ágos piçúlon! ^Vesqeríā skaitro-^voidíān
(Hans:) >Voilà! - Des Abendlandes teuflische Sünde. Das Abendland die Aufklärung

^en-^ve-^vrá: ^eğὼ-qoríā, hali-qoríā. Pηpâ skaitro-^voidíā: ^Visçvà halítera
hat erfunden. Subjektivität, Objektivität. Schlechte Aufklärung: Alles andere

^eğὼ-qoríāi hoívo gomótā. ^Sálva ^jei hepì ^som-dhorà, ^su-^voìçitvénnœs
für die Subjektivität nur Material. Wenn auch alles zusammenhängt, die Zivilisierten

^m°rto-^gomótās, ğ√hvηὼn ^ṇd ğhămωn ^entèr ^vi-krinánti.- Ğhămaì
zwischen toter Materie, Tieren und Menschen unterscheiden. Hienieden

^su-^voìçitvénnœs ^svojân ğnātìn^minújint.<
die Zivilisierten eine eigene Familie/Nation mögen gründen.<

Gorğòn, ^jòd ^nóvos ^jeguló-d'oìğhos^leúdhins gorğájeti ^ví-skiztun.
Furchtbar, dass eine neue Gletscher-Mauer die Leute droht zu scheiden.

Kórωn ^nóvωt's pro-^mendhétωn. ^E-tòd ^aú-^monhis! Tóti hésti dus-^jâsωn.
Kriege erneut vorstellbar. Das ist Wahnsinn! Es gibt soviel Katastrophen.

^Leúdhistvòn peri-g√ītηì^voíkáωn^viçváωn ^eğhή́s.<
Die Leutewelt für das Überleben aller Kräfte ist bedürftig.<

(^Voqὼn / Stimmen:)
'Europa geht uns auf den Sack,
Multi.Kulti fake und fuck!'

(^Jânis:) >^Àn g√ovὼn ^an-óqωn ^svojòn ^èn klatórion ^èn-teq°ntíjωn?<
(Hans:) >Sind es blinde Kühe in ihr eigenes Schlachthaus hineinlaufende?<

(^Rŋğînā:) >^Oinât's ^septã-deínāt's Tene-(r)iffehì g√îvω. P°rhvihì d°rçtihì çuniskai
(Régine:) >Seit einer Woche auf dem weißen Berg ich lebe. Im ersten Blick

Çunískai hen-^áqjæs ^su-ʙhadrὼn ^èn-^áqjæs: ^sòm-^aivónion ^ó-sdno^vésar.
die Kanarischen Inseln sind die Inseln der Seligen: fast ewiger Frühling.

Palmáωn perí-d'oiğhos. ^Médhei, ʙ'°nğhúdω snoúdheis, TEIDE,
Palmen-Paradies. In der Mitte, oft in den Wolken, der TEIDE,

^meğă-deivòs ^angústomhìs ^piçulo-tépesì ^stătós.
der Groß-Gott mit den Zehen in der Teufelsglut stehend.

Teneriffe, ^Eurώpās ^sú-ʙhagos ^medhi-gondvanikὼs ^upò divós.
Weißer Berg, Europas Kostbarkeit unter mittel-gondvanischem Himmel.

^Nò he-tòd ^sú -ʙhagos p°rhu- hèn-g√itóres ^ā-s°nt°mhì kè-qijŕr.
Aber diese Kostbarkeit haben die Ur-Einwohner mit ihrem Nicht-Sein bezahlt.

(^Jânis:) > Protérahis ^jώrahìs ^alì—çrezdhóntωn protì kóron ^ne-^rńdhko
(Hans:) >In früheren Zeiten gegen Anders-Gläubige den Krieg nicht selten

^°rto-ke-qrŕr, ^jeì hepì çrezdhakòs kóros ^ne ^rńdhko ^lahutrakòs hńst drómos.<
sie haben gerecht-fertigt, wenn auch Glaubenskrieg nicht selten ein Beutezug war.<

(^Rŋğînā:(>^Nóvān ^eğὼ peiçenì Teneríffehì piçtúrān: K°rsnòn TEIDE- kakúdm°n
(Régine:) Ich ein neues im Malen auf Teneriffa Bild: Das schwarze TEIDE-Haupt

^médhjei pitnakὼn ^eğh'drumὼn ^érmenon. Salvótrωt's ğhămónωn,
in der Mitte aus Pinien-Wäldern sich erhebend. Von allen Seiten Menschen,

qelesnó-kaituns svoìbejóntωn paçtὼn - qe,
Gruppen-Zeichen schwenkende und gefesselte,

^som-^srevóntωn çouhrān ^àd ^viprân ^àd çérdhān som-^jungoménωn
zusammenströmend zu einer riesigen, begeisterten Herde sich verbindend

Guayòtamhì, kanarískomhì ^hAnúʙhimhì, prai-^vodhitὼn, ^e-tân hen
von Guayota, dem kanarischen („hündischen") ^Ánubis angeführten, diese in

Bendu-çvítous g√horakòn ^èn g√°ŕtlon ^ní-g√lātun.<
des Weißen Berges Glut-Schlund hinab zu schleudern.<

„Trrr, trrrr, trrrrr..."

(^Jânis:) >Pó-heimi ^leúkel, qìs ʙ'eğhù dhurâs parós.<
(Hans:) >Ich gehe nachsehen wer draußen vor der Tür.<

(Hermes:) >Entschuldigen Sie, Herr Budgerait, hier noch einmal Hermes.

(^en-^odńsalòs)
(eingetreten seiend)

Sie erinnern sich, ein jungen Demonstrierender hat ohne Absicht Ihre Außenleuchte

beschädigt.<

(^Jânis:) >Sie ist dahin. Aber nehmen Sie Platz.<

(Hermes:) >Danke.<

(^Амвὼh ^ni-^sì-^sdoménou.)
(Beide sich setzend.)

(Hermes:) >Ich habe einen Elektriker zur Lampenreparatur bestellt.<

(^Jânis:) >Das war Ihre verdammte Schuldigkeit.<

(Hermes:) >Sehen Sie. In diesem Bezirk wohnen vorwiegend solide Leute. Die können die Überfremdung nicht ertragen. Besonders empört ist die Nachbarschaft über Ihre Nachtbeleuchtung, die sie um den wohlverdienten Schlaf bringt und dem Gesindel den Weg weist.<

(^Jânis:) >Wieso Überfremdung?<

(Hermes:) >Sie in Ihrem schönen Haus sind ein Zentrum für Kontakte mit Ausländern. Wir informieren die Anwohner, wie oft Sie mit Ausländern skypen.<

(^Jânis:) >Mit wem ich scype, geht keinen etwas an. Übrigens, woher wissen Sie, mit wem ich scype?<

(Hermes:) >Das Internet ist ein öffentliches Medium. Mit einigem Geschick kann man private Scype-Gespräche öffentlich machen. Wir finden es – nebenbei bemerkt - provozierend, dass Sie mit ihren Ausländerinnen sich in einer fremden Spreche verständigen. Wir brauchten lange Zeit, bis wir einen Sprachwissenschaftler fanden, die Ihre Krypto-Kommunikationen entziffern konnte. Das hat hohe Kosten verursacht, wo wir doch nichts zu verschenken haben. Wir lassen prüfen, ob wir die Ausgaben für die Deschiffrierung nicht Ihnen in Rechnung stellen können.<

(^Jânis:) >Ich glaub, ich bin im Wald.<

(Hermes:) >Die Bevölkerung sieht, wie dieser Bezirk immer mehr zum Farbkasten für alle Hautfarben wird. Farbe allein ist noch kein Verbrechen. Aber: Das Haus in der nahen Bonobo-Gasse ist das reinste Sodumm und Gomurre. Die hiesigen Eigentümer können sich nur noch mit Scheuklappen durch das Viertel schleichen. Die Leute hier wollen Ordnung.<

(^Jânis:) >Ich habe selbst einen Migrationshintergrund. Meine Vorfahren sind von ca. achzigtausend Jahren aus Nordafrika eingewandert, genau wie die Ihren.<

(Hermes:) >Das dürfte sich inzwischen ausgemendelt haben. Unsere Haut ist weiß.<

(^Jânis:) >Offenbar ist Ihr Herz ganzjährig braun.<

(Hermes:) >Ich nehme an, das Haus ist schuldenfrei: Sie werden gutes Geld von uns bekommen.<

(^Janis:) >Ich nehme an, dass Ihr Geldbeutel ebenso begrenzt ist wie Ihr Gehirn?<

(Hermes:) >Ich bin nicht unvermögend, bin Eigentümer der Hermes-Villa unten am Fluss. Mein Großvater hat sie mit großem Aufwand erbaut.<

(^Jânis:) >Hat der geerbt?<

(Hermes:) >Nein, er hat sich alles selbst erarbeitet. Er war Schiffseigentümer, bediente die Linie Hiesige Stadt – Benin – Süd- und Nordamerika. Die Schiffe brachten Händler und Ausrüstung nach Benin. Dort bunkerten die Seeleute das braune Gold aus der Wüste und transportierten es nach Amerika. In Kuba wurde v.a. Rum für Europa geladen. Mein Großvater bemühte sich, dass mindestens fünfzig Prozent lebend ihre Bestimmung erreichten, damit das Unternehmen in den schwarzen Zahlen blieb.<

(^Jânis:) >Und Sie?<

(Hermes:) >Auch ich bin Schiffseigentümer, transportiere v.a. militärische Ausrüstung zu den weltweiten Kunden.<

(^Jânis:) >Auch in Krisengebiete?<

(Hermes:) >Ich bin politisch ausgewogen. Droht irgendwo einen Krieg, beliefere ich beide Konflikt-Parteien. Ich bin Kaufmann, interessiere mich nicht für Naturwissenschaft und Moral. Der Handel bringt die Menschen zusammen, und ich muss konkurrenzfähig bleiben.<

(Hans:) >Neben vielem Guten hat der Handel nicht zuletzt den Betrug hochfahren lassen. Schon der Bronzezeit wurde Abfall mit Bronze überzogen und als kostbare Barren verschifft. - Zurück zur Außenleuchte: Als so schrecklich ehrbarer Kaufmann lassen Sie mein Außenlicht zum Erkennen der Brombeerhecken zertrümmern?<

(Hermes:) >Was hat das bunte Gesindel auf ihrem Grundstücken zu suchen?<

(^Jânis:) >Ich werde Sie anzeigen.<

(Hermes:) >Das würden Sie zeitnah bereuen. <

(^Jânis sich erhebend:) >Ihr Besuch hat mich aufgeklärt.<

(Hermes:) >Meine Säuberungsgenossen warten auf mich. Ich muss Sie leider verlassen. Auf Wiedersehen.<

(^Jânis:) >Hoffentlich nicht>

(Hermes ^apó.)

(^Rηğînā:) >Qìs ^e-tód?<
(Régine:) >Wer das?<

(^Jânis:) >Paúlos Guayota ÇìmʙH'-^ansú-p°nthì
(Hans:) >Ein kleiner Guayota im -Šimp-ansen-Weg.

^Nò hau-^sìnvomòs tá. Qoívo hàn ʙhût
Aber lassen wir das. Wie wär's

spoimno-^voínωs slug°mhì? Guayótamhì^moì húderos çunjòs ʙûtis.<
mit einem Schluck Schaumwein? Durch Guayota mein Bauch ein leeres Fass.<

(^Alíω:) >^Ne-ğhì pηpón!<
(Die beiden anderen:) >Nicht übel!<

(Treîs spoim'^voino-ʙūtináωn k°rçu-koliç°mhìs ^o-ʙhéronti.)
(Die drei Schaumweinflaschen mit Schlank-Kelchen tragen herbei.)

(^Ánnā hen-ğhulâ:) >Spoimo-^voínωs ^aùsrahì, ^nòs çâdesă paúsjeti.<
(Anna eingegossen habend:) >Schaumwein am Morgen stoppt unsere Sorgen.<

(Treîs kóliç°ns ^ùd-tlāloí:) >Spoimo-^voínωs ^aùsrahì çâdesă paúsjetijeti!<
(Die drei die Kelche erhoben habend:) >Schaumwein am Morgen stoppt die Sorgen!<

(Pîl.)
(Trinken.)

(^Jânis:) > Qoívo hàn ʙhût^jeì hodjὴ spolnó-dini ^veîs ^viçvoì sómon hédωme
(Hans:) >Wie wäre eswenn heute Mittag wir alle das Gleiche äßen?<

(^Rηğînā:) >Qoívo tà hijenós?<
(Régine:) >Wie das des Gehens?<

(^Jânis:) >Pro-^méndhomai: ^Veîs treîs somanjò pītú-hodon ^eğh'-^léğomos.
(Hans:) >Ich stelle mir vor: Wir drei gemeinsam einen Speise-Weg wählen aus.

Qós-qe ^véqti, qìd ʙélisto hesjò galimòn ^artíl ^aliωís – qe ^ná-qωçèl.
Jeder sagt, was seiner ist möglich vorzubereiten und den anderen zu zeigen.

Qós-qe hesjò hásahi péqeti ^jòd som-dhrî sòm-g√rātón.<
Jeder auf seinem Herd kocht, was zusammen beschlossen.<

(G√éne:) >Kakúdno!<
(die beiden Frauen: >Spitze!<

(^Ánnā:) >^Eğὼ pro-kómskān g√horhènikòns kerásomhìs ki-qérsω.
(Anna:) >Ich will als Vor-Imbiss 'Vareniki mit Kirschen machen.<

(^Jânis:) >Djù-hanèsi dinì „^ogní-tofu" hi-hartísω.<
(Hans:) >Am Johannes-Tag will ich ein „Feuer-Tofu" bereiten.<

(^Rŋğînā:) >^Eğὼ çrâmān kat-^alánān.<
(Régine:) >Ich eine crema catalana.<

(^Ánnā:) >^Upér-^su! - ^Àn ó-nā-v°nt ^jeì qós-qe hesjò ^vestŋìs
(Anna:) >Super-gut! Hilfreich vielleicht, wenn jeder seiner Speise

peqtikân ^úd-diçtin ʙhlī̆ğ-tèçꝂtumhì ^ad ^alíω hí-^jŋt.<
Koch-Anleitung durch Blitz-Text an die beiden anderen senden würde.<

(^Jânis:) >Qoívo hàn ʙhût, ^jeì qós-qe hesjò ^voínon svojòn ^àn ^éğh'-^leğet?<
(Hans:) >Wie wäre es, wenn jeder seinen Wein selbst auswählte?<

(G√éne:) >D'aʙhró! Plŋ́m°n ^oinótati!<
(Die beiden Frauen:) >Gediegen! Vielheit in der Einheit!<

(^Jânis:) >^Ér-gho, ʙhlī̆ğ-téçÞtuʙhòs prai-^°mtoʙhòs qós-qe ^nautiatà
(Hans:) >Also, nach erhaltenen Blitz-Texten jeder die nötigen

^som-plɷ́mena hen-qrilòs ^àd bút°ns speúdoit.<
Zutaten eingekauft habend zu den Töpfen möge sich sputen.<

(^Rŋğînā:) > ^Nú ^ma Dju-han ̀ŋs dīnâ! Qós-qe h°mj ̀ŋt ^īzhtân
(Régine:) > Nun aber der Johannis-Tanz. Jeder möge nehmen eine entzündete

kāru-ğhvɷ́kān dŋl perì tân! - Som- ^svoníā!<
Wachs-Kerze zu tanzen um sie herum! Musik!<

(^Ánnā svono-krónghon „Ôgnínomhì hávimhì" ^vodéjeti. Treîs dîko ğhvɷ́kās perì
(Anna eine Klang-Scheibe mit dem „Feuervogel" läßt ertönen. Die drei wild um die

déjontes:) >Djù-han ̀ŋs (k) sáhul! Djù-han ̀ŋs (k) sáhul!
Kerze tanzen:) Johannes-Sonne! Johannes-Sonne!

(Poskɷ̀ ^Jânis:) >^Medhí-dini hapo-^vidŋsjómedhai.<
(Später Hans:) > Zur Mittagszeit werden wir uns wiedersehen.<

B. ^Medhí-dein
B. Mittag

(Dalhu-ğhvónion ^ò ^Jânin:) >Trrr....trrrr...trrrr....<
(Telephon bei Hans:) >Trrr...trrrr...trrr...<

(^Jânis çlutí çonkhòn ^nà haúsin dhηlòs:) >Hier Budgereit.<
(Hans die Hör-Muschel ans Ohr gelegt habend: >^Idhă̰ Buti-qéroitis.<

(^Ánnā:) >^Àlalà; hidhă̰ hĀnnā. Çeì ^nù ^medhí-dinòs ^jωráωn dvώ.
(Anna:) >Hallo, hier Anna. Hier nun mittags an Uhren zwei.

^Ħdâ g√ătóvi. Tvemhì hepí?<
Das Essen ist im Gehen. Bei dir auch?<

(^Jânis:) >^Ésti. ^Rηĝînān ^o-klālòs ^medhì-pītvân ^apò-v°rneúmi.<
(Hans:) >So ist es. Régine angerufen habend die Mittags-Jause eröffne ich.<

(Dalhu-ğhvónion:) >Trrr...trrrr....ttrrr...>

(Rηĝînā:) >^Viçvà ^s°ntá. ^Veîs galimoì ^nà-kenél.<
(Régine:) >Alles vollendet. Wir können beginnen.<

(Dalhu-^videníeis stolhωn treîs qώçontai pitumhìs g√hono krūtών.)
(In den Fernsehern die drei Tische erscheinen mit Speisen reich gedeckt.)

(^Ánnā:) >^Vésun ğustún!<
(Anna:) >Guten Geschmack!<

(^Jânis:) >P°rhú ^ma d°nğhúās çvenὴl ^voínomhì.<
(Hans:) >Zuerst aber Zungen-Weihe mit Wein.<

(Ğustájonti.)
(Sie kosten.)

(Treîs:) >^Àd Bhàgikón!<
(Die drei:) >Auf Bakchus!<

(^Jânis:) >Hmmm. ^Voínωs d°nğhukâ Druseníā!<
(Hans:) >Hummm. Des Weins Zungen-Toskana!<

(^Antérai:) >G√îvoit ğousωs keloudíā!<
(Die beiden anderen:) >Es lebe die Geschmacks-Wanderung!<

(^Ánnā:) >^Nú ^ma hàd pró-pītun.<
(Anna >Nun aber zur Vorspeise.<

(>G√horénikòns kerásomhìs ğustájonti.)
(Die Vareniki mit Kirschen kosten sie.)

(^Rηğînā:) >Ğeusenì veîs oìnitoí.<
(Régine:) <Im Genießen sind wir vereint.<

(^Jânis:) >^Moi húderos, çūnjòs bútis, plησmonân ^epi-^véldetai <
(Hans:) >Mein Bauch, das leere Fass, erhofft sich Erfüllung!<

(^Rηğînā:) >Çunjòs pītumhìs húderos ^l°nghù plήjetòs; çŭnjòn ^oívo ^ménos
(Régine:) >Der leere Bauch mit Speisen leicht zu füllen; der leere Geist nur

^mώlomhì.<
mit Mühe.<

(^Jânis:) >^Nù Dju-hanès-dinì haidhakòn tófu!< (Ğustájonti.)
(Hans:) >Nun am Johannis-Tag der Feuer-Tofu!< (Sie kosten.)

(^Rŋğînā:) >^Moì hὼs pipalli-çŋ́komhìs ^asíā.<
(Régine:) >Mein Mund – eine Esse aus Peffer-Gemüsen!

(^Jânis:) >Dhūmó-tofu saldù pipallitón – qe halíomhìs som-plŋrωmén°mhìs -
(Hans:) >Den Rauch-Tofu gesalzen und gepfeffert mit den anderen Zutaten -

^oju-svómʙhomhìs, ^álumhì, bólʙhomhìs ^roudho-^voínomhì huper-ğhùtomhì –
mit den Eier-Schwämmen, dem Knoblauch, den Zwiebeln, übergossenem Rotwein –

^mὴ ^mórsŋstè tabásko-bánduns.<
vergesst nicht die Tabasko-Tropfen.<

((^Rŋğînā:) >Bhagrós!<
(Régine:) >Scharf!<

(^Jânis:) >^Voínomhì g√éstun!<
(Hans:) >Mit Wein zu löschen!<

(B'eğhùt's ^voqὼn:) >Budgereit gibt Acht. Wir wünschen gute Nacht!<

(^Jânis:) >^Noqt-^sugtikœs ^nóvωt's>
(Hans:) >Die Nacht-Süchtigen von Neuem.<

(^Rŋğînā:) > ^An nè kailijétœs!<
(Régine:) >Die vielleicht Un-heilbaren!<

(^Ánnā:) >^Apo-klaukál!<
(Anna:) >Abschalten!<

(^Rŋğînā:) >^Eğὼ tâli herevâ çad-^aljánā ^ogni-tófumhì som-dhè
(Régine:) >Ich bin so frei, die Crema kat-alana zusammen mit dem Feuer-Tofu

ğustál.<
zu kosten.<

(Ánnā:) > ^Vesvî dhîs!<
(Anna:) >Eine gute Idee.<

(B'eğhìs sçótos ^mîmo-smeúghetai.)
(Draußen ein Schatten schmiegt sich vorbei.)

(Treîs ^som-dhè ğustájonti:) >Hmmmm....<
(Die drei kosten zusammen:) >Hmmmm....<s.

(^Jânis:) >Ğouséjeti divjó.<
(Hans:) >Schmeckt göttlich.<

(^Rŋğînā:) >Qú-qene ^lé-^loğa: ^èn divjòn çrezdhâ ^som-^júngeti.<
(Régine;) >Irgendwo las ich: Der Glaube an das Göttliche verbindet.<

(^Ánnā:) >Protivòn ^epì galimón.<
(Anna:) >Auch das Gegenteil ist möglich.<

(^Jânis:) >^Nà (P)Ar-deçsíān ^óletar ^nòs ^som-dé-dɷħe. -
(Hans:) >Das Unglück an der Ardèche hat uns verbunden.

^Nò (P)Ar-deçsíās paròs qìd ^le-^loukŋtai? Taúsωs ^jɷ̄rā.
Aber vor der Ardèche, was hat sich ereignet? Eine Zeit des Schweigens.

(^Ánnā:) >^Menè ^nè galimòn ^moì putlíāt's ^védel.<
(Anna:) >Meiner nicht möglich über meine Kindheit zu sprechen.<

(^Rŋğînā:) >^Moì ğnātihì hoivo dó-^lŋton, ğnātit's divós-qe ^jɷ̄rāt's
(Régine:) >In meiner Familie nur zugelassen, über die Familie und das Wetter

^védel. Taúsωs snoúdhos ^nòs ğnātηìs galváωn ^epì ^e-çénketo;
zu sprechen. Eine Schweigens-Wolke über unserer Familie Köpfen hing;

^nò^menè hàd ^som-^vódanon ^ή̄st g√'edhél.<
aber meiner nach Gespräch war Sehnen.<
t
(^Jânis:) >^Sé-spouda kórωt's manóghωn ^au-ğnωvál.
(Hans:) >Ich habe mich bemüht, manches über den Krieg zu erfahren.

^Menè putlíon Dru-gidánωs ^aidhikòn ʙombó-g√hÞojon é-ʙhūt peri-gé-g√ivál.
Meiner als Kind Dresdens Feuer-Bomben-Untergang wurde Erleben.

Postamὼn ^ajesno-^jânωn ^oínomhì ^moì ğnātìs ^eğh' ^Rηğió-ʙ'°rğhos
Mit einer der letzten Eisenbahnen meine Familie aus Königsberg

^en-^nósηsto, ^si-^sīksoménā Dru-g√ítanon, Dru-g√ítanon, ^Alʙhi-Bhlώsanon,
rettete sich, erreichen wollend Dre-sden, Dresden, das Elb-Florenz,

çrijòs g'órdhon, koriakâs ʙ'eğh' g√erhmâs.
der Schönheit Stadt, ohne militärisches Gewicht.

Dleghnân ^àla-hòdutían postì ^mώlomhì paúlei ^en-^authmeì ho-g√ăloi...-
Nach langer Irrfahrt mit Mühe in einer kleinen Unterkunft angekommen, ….

hapo-tropikòs ^ω-^rūgmós! Hiiijöööh, hiiiijöööh, hiiijööö! ^Éti hω-djὴ ^menè tòn
das Warn-Geheul! Hijöööh...!   Noch heute meiner das

çlûl! Qὼ skólmā ^ω-^rūgmòs ^moì kér(p)m°n trah-skérteti.
Hören! Wie ein Schwert das Geheul meinen Körper durchschneidet.

^Ãsmesὼn ^èn çóvia ʙhugál.
Unserer in die Keller Fliehen.

Ghrómos! Doúpœs! Krejesă!
Der Donner! Die Knalle! Die Schreie!

^Viçvân ^nóqt°n ^veîs çovíahi tupéjontes ^mηtro-в'°nğhúωn ^upò
Die ganze Nacht wir im Keller hockend unter Meter-dicken

d'oíğhωn qὼ dhūmòs tresóntωn. Doúpos-doúpos-doúpos. ghrómos^nè strigájonts.
Mauern wie Rauch zitternden. Knall-Knall-Knall. Donner nicht einhaltend.

^Sηtóvi hapo-tropikòs ^rωmakòs ^ruğmós. Stíghān ^nà ^révos ^ud-^é-helhme.
Endlich Sirenen Ruhe-Geheul. Die Treppe ins Freie wir stiegen.

^Aidhómenos djήus! Dóm'-^órmωn ^ognineì ųunámihi!
Ein brennender Himmel! Häuser-Trümmer im Feuer-Tsunami!

^Ūlikíahis ğhămónωn ^aidhoménωn ^ã-g√èsetòn вhὼs-вhorakὼn ğhvā̱tlωn!
In den Straßen Menschen brennende un-löschbare Phosphor-Fackeln!

Posteròn,^lήno-^lήno menè galimòn ğhoízdho-plúdimon ^ap'-^urgél.
Später, langsam, langsam meiner möglich, die Schrecken-Flut zu verdrängen.

^Uktân ^voiçiakân^é-vidon g√ivótān. ^Nò paúkáωn ^nù q°rneúti sept'-āmeríáωn,
Ein gewohntes fand ich bürgerliches Leben. Aber wenige Wochen nun macht es,

^jòd ^saíromhì ho-^neides°mhí -qe ^é-leğon^^Ánnā ^Reidhās ^lóğion kérdiston
dass mit Schmerz und Empörung ich las Anna Reids   kunstvolles Buch

BLOKADA ^Lηnino-g'órdhωs tri-^vetestòs germánomhìs koríomhis ^en-klauzmὼt's
BLOKADA über die drei-jährige Einschließung Leningrads durch deutsche Heere, -

^Àn ^e-tòd galimón?!^'Lηninó-g'ordhos, pérvomhì ^louko-kóriomhì,
Ist das möglich?! Leningrad, durch den Ersten Weltkrieg

48

Bolíjos-^voikàjomhì koríomhì, ^Saumi-kòromhí -qe g√arù d°rtâ^ Nevā-^rŋğnî^
den Bolševiken-Krieg, und durch den Finnenkrieg schwer geschundene Neva-Königin,

germanikomhì hen-klaúzmomhì ^m°rtukòn g'óldhon praì-ké-qonthe.<
durch die germanische Einschließung den Sterbe-Hunger hat erlitten.<

(^Ánnā:) >Tòn ^vi-ç°<u>nt</u>î-dvitòn ^semhi-^vetesnὼs ^mηnsòs ^nóv'-deç°n ç°ntà
(Anna:) >Den zwei-und-zwanzigsten des Halbjahr-Monats neunzehn hundert

qetúr-çontă ^hoinòn, ^dju-hanὴs-^ognηὴìs perì hodjὴ ^vetesὼn septã-çontă treîs paròs,
ein-und-vierzig, um das Johannes-Feuer heute vor drei-und-siebzig Jahren,

^ită-ğhutòs ^rηğtró-^vòdhos, - в'eğh' korakὼs^овh-^aviánωs -
der so-genannte Reichsführer, – ohne Kriegs-Erklärung -

^Som-^voítikòn^Sóm-^jougon é-çāst prò--potéjl.<
die Sovjet-Union befahl zu überfallen.<

(^Jânis:) >^Judhmὼn qetùr-tūs-ğhéslomhìs, karkro-^ç°rsὼn tri-ğheslomhìs,
(Hans:) >Mit vier Millionen Kämpfern, dreitausend Panzern

вhorni--ptήtrωn dvi-ğheslomhìs Kùdhlásios ^eurωpájān ^urvîn ^(V)Rusíān
zweitausend Kampf-Flugzeugen der Hüttler das europäische weite Russland

вhlīğ-kóromhì ^hé-g√helet ^upèr-^rotulàl, ^venhtikòns Çlovenòns
durch Blitzkrieg wünschte zu überrollen, die venetischen Slaven

skulàl ^ή́d ^noúdajon péçu вhrūnωìs gorğóneis ğhulo-^manjál.<
zu versklaven und als Nutzvieh für die braunen Schreckgespenster zu missbrauchen.<

(^Ánnā:) >Bombáωn ^ni-he-ghrómejont ^nà Çíjun, ^V°lnân, ^Meíniskòn,
(Anna:) >Bomben donnerten nieder auf Kijev, Vilna, Minsk,

Tjeg√atió-polh°n, Çoronó-stătin.<
Sevastopol. Kronstadt.<

(^Jânis:) >„Korió-qelos Çahúros" korianὼs ^upò
(Hans:) >Die „Heeresgruppe Nord" unter dem Heerführer

„^Meğă-kórianòs Wilhelm Ritter von Leeb , в'°ğh°nt-kÞătríωs Kùdhlasíωs ^upo-stηìs
„Groß-Heerführer W.v.L.(=Löwe), einem hoch-adeligen Diener des Hüttlers,

^Lηnino-g'órdhωi^sanutérān po-hed<u>ώ</u>rajet ^G√°ltînān:
Leningrad eine besondere bescherte Todesgöttin:

^Àn ^o-kûjonts ^servàtomhìs koríomhìs
Vielleicht beabsichtigend durch geschonte Heere

вh°rsto gàlimòs вhûl Moskvân ^néçtum^Láвhus ^esjò hupo-^vódhomhìs
schnell fähig zu sein Moskau zu vernichten der Löwe mit seinen Unterführern

^è-çāst ^Lηninó-g'ordhòn ğhoino-^voíkamhi perí-^vreğèl.<
befahl Leningrad mit Waffen-Gewalt zu umschließen.<

^Éğh' ^ Nevā-çorónāts t°rnó-puçs.<
Aus der Neva-Krone eine Dornenkrone.<

(^Ánnā:) >^Som-deiniòs kloiçakòs ^hÃ-^vídωn. Çrézdhω nòs ^en-kaitíā
(Anna:) >Ein alltäglicher Folter Hades. Ich glaube, dass unsere Einbildungskraft

^nèg√honèjl, ^e-tòd qojitòn ^ágos sóm-g'reвhtun. Qón-qe deín°n
nicht ausreicht, dies angezettelte Verbrechen zu begreifen. Jeden Tag

tvisro-tórtrωn ^ώ-^rugmòs,^èn dómωn çóvia вhugâ, вombáωn вhóngœs,
das Heulen der Sirenen, die Flucht in die Häuser-Höhlen, die Bomben-Sturzregen,

ptωtikὼn çatu-ptḗtrωn ^ὼ-^rugmòs, ʙombáωn ^aulò-ğhoinώn - qe hen-pórgœs,
das Heulen der Sturzkampfflugzeuge, Einschläge der Bomben und Rohrgeschosse,

g√réndhesos g'órdhωs ^ormokaì ^vâties, ^leúdhies vi- lakitoì,^mᵒrtὼn ğhésla...<
der stolzen Stadt Trümmer-Wunden, die zerfetzten Menschen, von Toten Tausende...<

(^Jânis:) >^Lé-^loğa haçánωs sóm-g√hona todὼ^Lη̄nino-g'órdhei dinὼn
(Hans:) >Ich habe gelesen, dass die Essens- Vorräte im damaligen Leningrad an Tagen

perí-qω tri-çᵒnteis gè-g√honèvosèl. Todὼ g'oldhò-^vᵒlqœs ^èn g'órdon
für ungefähr dreißig ausgereicht haben. Dann die Hungerwölfe in die Stadt

^en-^e-^múksᵒnto, ^leudhéjωn ^èn ghélondᵒns sterès ^é-kmâsᵒnto, ^nè
schmiegten sich ein, in der Leute Mägen bissen sich fest, nicht

^hapo-^sinántes per ^mήnsᵒns, dò hosthi-kér(p)mennă hūlikíahis
ablassend durch Monate hindurch, bis die Knochen-Körper in den Straßen

^nì-he-ʙhrágonto tèr çeímena, pèr ^mή̄nsᵒns, ^neçúωn
niederbrachen, dort liegend durch Monate hindurch, Leichen

^neçúωn ^upèr, ^osthi-hosdὼn, ğheimóni hoisu-hātkeis çᵒluptoí.<
über Leichen, Knochen-Äste im Winter in Eis-Mäntel gehüllt.<

(^Ánnā:) >^Salvā hartúrā som-^e-ʙhrágeto: ^o-tópianon, ^enter-^voğhíā,
(Anna:) >Die gesamte Struktur brach zusammen, die Heizung, der Verkehr,

çăstória, ʙholnikíæs, ^óʙh'-^valzhtìs, ^voidó-^loukos.
die Schulen, die Krankenhäuser, die Verwaltung, die Wissens-Welt.

(^Jânis:) >^Lé-loğa, ^ne-ğhì hoívo heğhterikâns ^artúrāns ^or-^orὴvosél-se
(Hans:) >Ich habe gelesen, dass nicht nur die äußeren Strukturen zerstört wurden,

^nò ^manógheis ptώm'neìs ^epì ^leudhéjωn dhousíāns. Ğnātíωn ^mélm'nă
sondern in vielen Fällen auch der Leute Seelen. Familien-Mitglieder

pâneis dhruslíωs drù-^maleúromhì^véçno k°rtimhìs ^au-hè-gorğájonto.
wegen eines Brockens Brot aus Holzmehl mit Messern bedrohten sich.

^Apo-p°nthomhìs ^séktomhìs ^ónoi ^hūlikiâωn ^médhjei hé-dhridsçont.
Durch die versiegten Aborte sie mitten auf der Straße schissen.

^Viçvâ hen kovíā he-qώçeto sektâ. hOsthi-héçvωs salvótro k°rçὼs ^sqétlon
Alle Empathie schien versiegt. Eines total abgemagerten Knochen-Pferdes Geschichte

^lé-^loğa. Çrsòn d'rāghenòs ^esjò hé-ʙhūt ^sóm-ʙhregèl.
hab ich gelesen. Einen Karren des Ziehens es seiner wurde Zusammenbrechen.

Ç°rsó-^vodhos ^e-périāst ^ónon ʙītroo-kûjimhìs ^apo-hùd-stāvîl. - ^Vâno.
Der Wagenführer versuchte es durch Peitschen-Hiebe wieder aufzurichten. Umsonst.

Qénthesos ^ā̱-perion ^èğh' ^oqÞíous ^é-srevet. Todὼ ^voiçíωn ^ad-é-g√ănt
Leid unendliches aus den Augen floss. Dann Bürger kamen heran

k°rtimhìs g√ījoùs ^eğh'kér(p)m'nòs ^ati-loiqakòn^mή́ms°n ^eğh-toméjl.
mit Messern aus dem lebenden KörperRest-Fleisch herauszuschneiden.

^Mὴìs ğheslosʙhòs ^apo-diçteìs ptώm'neìs ğonitóres hoisὼn putlía kè-kolὴr
In mehr als tausend bewiesenen Fällen haben Eltern ihre Kinder geschlachtet

peri-g√îl.<
um zu überleben.<

(Tausωs)
(Schweigen)

(^Rŋğînā:) >Qoívo tevè putlíως ^e-tòn g√hþójon ^é-вhūt perì-g√îvál?<.
(Régine:) >Wie deiner als Kind diesen Untergang wurde erleben?<

(^Ánnā:) >^Eğὼ qojitὼs meğă-kórως ^vétesì ğnātâ. P°rhuвhòs ^vetesὼn
(Anna:) > Ich im Jahr des angezettelten Groß-Krieges geboren. Von den ersten drei

triвhòs ^menè ^sm°rtη̨ìs ne-qíd. ^'Ωdjη̨ ^jòd ^voída, hen-períamhi
Jahren meiner an Erinnerung nichts. Was ich heute weiß, aus Erfahrung

hὴd postèramhìs ğonitórων^en-séqtimhìs ^miçtís. ^Jod kóros ^menè kónei
und späterer Eltern-Erzählungen eine Mischung. Was Krieg ist meiner im Anfang

^nè ğnωtón. Prωístωt's ^moì ^sm°rtìs: ^Apò-tropájων tvisro-tórtων-^ω-^rūgmós.
nicht bekannt. Meine Erinnerung an Frühestes: Warn-Sirenen-Geheul.

^Veîs ^èn çóvia! B'eğhìs sçūvi-^seríjων! Bhωísās! Qodώ-qene tólitis. ^Veîs
Wir in die Keller! Draußen Schuss-Serien! Schrecken! Irgendwann Stille. Wir

^ud-^è-smughómedha ^lήno-^lήno stíghān. Tὼ, ğnātikâs çélhās
schmiegten uns langsam, langsam die Stige hinauf. Da! In des Familienzimmers

d'oíğheis çūnώn! ^Oqneìs çūnώn! Piçtúrahi ^sénως ^n°ròs ^oqí-kelos trah-scuztón!
Wänden Löcher! In den Fenstern Löcher! Im Bild des alten Mannes Stirn

trah-scuztón! ^Vetesὼn posteròn ^moì pătὴr ^é-вhāt: 'Qoívo galimòn,
durchschossen! Jahre später sagte mein Vater: Wie ist es möglich,

^sù-^voiçitvénnās teútās ^mélesă hèn ^oinὼs ^oisὼn ^meğístων ^sūnóvων gálvān
dass eines Kultur-Volkes Mitglieder ins Haupt eines ihrer größten Söhne

sçûl?' - Piçtúrahi Gandhis ^η̨st parhà-stătós.<
schießen? Im Bild Kant war dargestellt.<

(^Jânis:) >^Nóvωt's ^uqtòn: Ğhămónωn ^uztamὼn qèrmenno^vódhωn ^esti treîs:
(Hans:) >Von Neuem gesagt: Der Menschen sind drei oberste Handlungs-Führer:

^árh-^menos, som-kovíā, ^vì-horitikâ hậğhar. - Toisὼn ^voíkā ^en-téramhìs ^vṇ̀
Die Vernunft, die Empathie, die Zerstörungs-Gier. Deren Kraft durch innere oder

heğhteramhìs peri-stătimhìs galimâ ^mèğă-/^mìnurél-se. ^sṇtóvi ^èn-/^àpo-klaukál.
äußere Umstände kann sich vergrößern oder verkleinern, letzlich ein-/abschalten.

Kóros ^arh-^ménesos ^èn-koviâs - qe ^salvotrikòs qojitòs^apò-klauzmós.<
Der Krieg von Vernunft und Empathie ist die totale angezettelte Abschaltung.<

(^Ánnā:) > ^Mòçs g'óldhos ^nòs ^ep'-é-pi-ptet. Posteròn góldos ^òвh-^orítimhí.
(Anna:) >Bald der Hunger überfiel uns. Später die Kälte mit Zerstörung.

^Nò g√ériston ^ṇ́st ^eğhéjonts pânis. Pânis ή^st g√īvótā. "X(ЛЕБ)en" ^mātískā
Aber das Wichtigste war das fehlende Brot. Brot war Leben."X(LEB)en" Mütterchen

^oinó-k°rt ^é-kriet. Poíçωs pānînωn paúkωi вherăğînomhì haleúromhì he-pólhṇst
einmal schrie. Schmuck für weniges an Brötchen aus Birken-Mehl sie verkaufte.

Ônâ domo- hṇ̀d çlovakὼn ^mús°ns ^é-kapjet tâns вhrṇ́ğtun. ^Sṇtóvi honâ
Sie Haus- und Kloaken-Mäuse fing diese zu braten. Am Ende sie

^mûsjamhìs ^jûs°n ^é-peqet. - ^Oinó-k°rt ğer°ntî ^ moì baвískā, pev°ntî
aus Fliegen Brühe kochte. Einmal meine greisenhafte Großmutter, ein keuchendes

hosthí-dhrausm°n, ^àd ^nòs ^ṇ́st^oighétā. Moì ^mátkā ^sù-вhagṇ̀s mūsakân ^jûs°n
Knochen-Fragment, bei uns war Gast. Mein Mütterchen glücklich eine Fliegensuppe

^e-pí -peqset. ^Mūsá-plāktron ^é-g're вhet. Tὼ baвískā вaktromhì çènkoménā
wollte kochen. Eine Fliegen-Klatsche griff sie. Da die Oma am Stock schwankend

^ad-é-ğhulto, вáktron ^ud-^é-rŋğst, ^e-bálвīt, qìd ^mūsáωn d'ólghos вhûl
strauchelte heran, reckte den Stock auf, stammelte, was der Fliegen Schuld sei

ğhămonikωìs piçúlωis ^mrɥ́l-se. Postàmamhì ^voíkamhì honâ tres°ntî káliç°n
für die menschlichen Teufel zu sterben. Mit letzter Kraft zitternd sie einen Kelch

´e´-g'reвhet ^lɥ́no-^lɥ́no tòn ^mûsăs ^upèr ^mûtun ^apó-^v°rton klauztun
ergriff langsam-langsam den über die Fliege zu bewegen, das Offene zu schließen

^mūsân – qe в'eğhìs ^èn ^erevíān ^lɥ́tun. ^Veîs storitoí.
und die Fliege draußen in die Freiheit zu lassen. Wir erstarrt.

Posteròn^Mâtkā he-pérjajet ^moì svesreì Hólgāi,
Später Mütterchen versuchte meiner Schwester Helga,

penqé-deç°n-^vetései, ^sù-^voidíān ^oвh'-вhoréjl.<
der fünfzehn-jährigen, schöne Bildung anzubieten.<

(^Rŋğînā:) >^Sù-^voidíān ^ã-в'úndhωs ^upér?<
(Régine:) >Schöne Bildung über dem Abgrund?<

(^Ánnā:) >Ç°rd-g'reвhès qenthésωn qóti^m°rtoùs ^nà qrώjon ^Mωtu-krátous
(Anna:) >Herz-ergreifend, wie viel Leidende am Rande des Todes Mozarts

^ilutískān^som-^svoníān ke-çluvɥ̀r, Puškînωs pró-sqa ^lè-^loğɥ̀r, pro-^vidúlajons
elysische Musik gehört, Puškins Dichtungen gelesen, Schauspiel-Häuser

dómons ^epi-^sè-spoçɥ́r.<
besucht haben.<

(^Rŋğînā:) >Kérdamhì slātɥis.<
(Régine:) >Durch Kunst Trost.<

(^Ánnā:) >Todὼ ʙhelési ^noqtì ^nóvωt's tvisranáωn roúǧos!
(Anna:) >Dann in der fahlen Nacht erneut Sirenen-Geheul!

^Veîs sup°ntòs ^ùd-g√lātoì hèn ^upo-çóvia hé-ptωme. D'eíǧeshă hή́st
Wir aus dem Schlaf herausgeschleudert in die Keller flogen. Die Mauern waren

^ustro-tulstóvă. ^Nò ʙombahìs ^nì-s°lğtamhìs tà haspája qὼ ʙhólia hé-treset.
Ochsen-dick. Aber durch die abgeworfenen Bomben sie wie Espenlaub zitterten.

^Veîs qὼ çasòs çunòs ^antì sterès ή́smenoi. ^Ó-sdno han- ántios ^aivώn.
Wir wie ein Hase vor dem Hund starr liegend. Fast eine Ewigkeit.

^Sη̣tóvi hau-pro-^veidos-qoríā. Stoigho-çelhíahi ´dhūmὼs, dhaùno-qâsωs.
Endlich Entwarnung. In der Treppen-Halle Rauch, Würge-Husten.

^Attikὼs stòmʙhálā kámhrā: - dhūmὼs, pη̣snoùs, ^asgâs. ^ormakὼn,
Väterchens Turm-Kammer: Rauch, Staub, Asche, Trümmer,

^aidhiménωn ^loǧíωn.^Attikὼs gálvā hosthi-ʙhélā. ^E-qώçeto ^sóm-pωlèl.
 brennende Bücher. Väterchens Kopf knochen-weiß. Er schien zusammenzufallen.

(Ánnā:) >^Viçvà tlātimhì tè-tlămé. - Todώ ^ma g'órdhωs ^augto-kÞătriā svésorn
(Anna:) >Wir alles mit Geduld ertrugen. Dann aber die Stadt-Obrigkeit Schwester

hÓlgān ^alíamhìs somo-^vetés°mhìs ^éti ^érevòn ^èn^o-krónghanon ^é-^jη̣t
Helga mit anderen Gleich-Jährigen in die noch freie Umgebung schickte

^vrutikòns ^róvons ^eǧh'-skapál. Deìn dineì ^jωráωn pèr déç°n tenghístωs ^vórǧωs
Verteidigungsgräben auszuheben. Tag für Tag zehn Stunden lang Schwerstarbeit

g'oldho-^v°lqὼs kómei. ^Ónoi ^viçvà he-tlnănt ʙ'eǧh'-skersù-^ménesos.
bei Hungerwolfes Biss. Jene duldeten alles ohne Widerspenstigkeit.

Todѡ sāul-diní – qene ptѡ̀-çatukѡ̀n ptηtorѡn ^ud-^ę́-^rugont. ^Vi-^vrùptikáѡn
Dann an einem Sonntag Sturz-Kampf-Flieger heulten auf. Spreng-

вombáѡn, tâli ^jòd çunìhs ^oívo ^lăkésѡn krūvóntѡn ^vi-strātѡ̀n
Bomben, so dass in den Löchern nur blutvolle Fetzen verstreut

^é-çeito.<
lagen.<

(^Jânis ^ud-^salilòs kríkjonts:) >^NE-^ĞI·Í!<
(Hans aufgesprungen seiend schreiend:) ^NEIN!<

(^Rηğīnā:) >Qìd tevé?!<
(Régine:) >Was deiner?!

(Tausѡs)
(Schweigen)

(^Jânis si-sdómenos ^esjò çèrd d'érghonts: >^Ah...<
(Hans sich setzend, sein Herz haltend:) >Ah...<

(Anna:) >Bhădhì, qìd ^ésti?<
(Anna:) >Sag, was ist?<

(^B'eğhìt's ^voqѡ̀n:Von draußen Stimmen:)
'Schwarze, Schwule, A-sylanten
sind für uns nur Ekelbanden!'

(^Ánnā:) >^Ér-gho, qid ^ésti?<
(Anna:) >Also, was ist?<

(Dalhùt's sçūvíωn: „Ratatatá"
(Von Ferne Schüsse) „Ratatatá"

(Anna:) >Qìd ^ésti?<
(Anna:) >Was ist?<

(^Jânis ^anhíjonts, pevájonts:) >Moi pătḕr… ḗst ..-вhorno-ptητὼr
(Hans atmend, keuchend:) Mein Vater.....war ...Kampf-Flieger

praì^Lηninó-g'ordhon .<
bei Leningrad.<

(Taúsωs)
(Schweigen)

(^Ánnā:) >^Veîs ^o-sdno ^mûkoi. ^aghès°mhì storkitoí.
(Anna:) >Wir fast stumm durch Schmerz erstarrt.

^Attikὼs hé-вhūt g'réвhel ^sédlωs spínān. Todὼ ^èn ^upo-çóvion ^ni-hé-teqsalòs
Seiner wurde greifen einen Sesssel-Rücken. Dann in den Keller gelaufen seiend

^roudho-koríωs somò-^vestóvi pèr-apò hud-é-stiget.<
in des Roten Heeres Uniform er stieg wieder hinauf.<

(^Jânis:) >^Viçvoì ğhămónes galimoì вhûl çatróvωn.<
(Hans:) >Alle Menschen können werden Feinde.<

(^Ánnā:) >Posteròn ^ónos ğhoinó-^vodhos ^aidhómenon ^èn ^Rηğió-в'erğhos
(Anna:) >Später er als Waffenführer in das brennende Königsberg

^en-^é-t°nghst, ^èn ^Rηğió-в'erğhos, ^uper-ponthikòn stómвhon ^ponthimhì
zog ein, in Königsberg, den Brückenpfeiler auf dem Weg

Çvènt'-^Petro-g'órdhωs ^Medhi- hEurωpâs – q' entér. ^Rńğjoi ^jâjontes ^idhă
zwischen Sankt Petersburg und Mittel-Europa. Königliche Reisende hier

he-hí-hausont. ^Rηğió-в'erğhos,^nú ^ma ^hormakòs ήst ^ognì-hÃ-^vídωn
übernachteten. Königsberg nun aber ein trümmerhafter Feuer-Hades.

^Moì pătὴr ^esjò ^jùdhmomhìs ^médhion ^en g'órdhon ^en-^´e-t°nghst:
Mein Vater mit seinen Kämpfern in das Stadt-Zentrum zog ein:

dhvorékios ^vὸris, çrī-dhvorékion, dju-^sédrā. ^Gandhakòn ^upó-^mnητron
Schloss-Teich, Schloss, Kat-hedrale.   Das Kant-Monument

g√âtrωt's ptωtón dhraúsm°n°mhìs. ^Oívos ^attikòs spólnajon ^èn g√ātùn
vom Sockel gestürzt in Trümmer. Allein Väterchen in eine Seitengasse

^èn-^é-^lugit. ^É-hatet ^àd ^e-tòn ^vidὴl ^sénān ^vorno-^vésmon°n g√én°n
bog ein. Trat zu ihm das Sehen eine alte schwarz-gekleidete Frau

 asga-pelìtamhì kósamhi çído – haúdo ^ij°ntî ^haidhoménān trώвān ^loukéjení.
mit asch-grauem Haar hin und her gehend ein brennendes Gebäude im Betrachten.

^Ūlikíahì çeiménān honâ hé-d°rçet ^sénān çūnjân çηkakân kistān. ^E-tân
In der Straße liegend sah sie eine alte leere Gemüsekiste. Diese

g'reвhsalâ honâ hen trώвān ^aidhoménān ^é-teqst, ^moçs kistamhì havìs plητamhì
gegriffen habend in das brennende Gebäude lief bald mit offenbar gefüllter Kiste

hapó-qωçel. ^Onâ hé-ğhvalt. ^Arğ°ntinὼn k°rtíωn, ^liğhláωn, çākiáωn
wieder zu erscheinen.   Silberne Messer, Löffeln, Gabeln

klâtron ^epì hé-ptănt. Pătὴr: „Halt! Gib mir das Silber!" ^Onâ: „Nein!"
auf das Pflaster fielen. Vater: „...."   Sie: „..."

Pătὴr: >Gib her!<
^Onâ: >Nein!<

Tὼ hattikòs ğhes°r-ğhoínon t°nghsalòs: /
 Dann Väterchen eine Hand-Waffe gezogen habend:

'Gib mir das Silber!'
^Onâ: 'Nein!<

^Áttikòs ^sénān nì-hé-sçūt.
Väterchen die Alte schoss nieder.

(^Ánnā k°rt`n deiçenì:) >Çeì k°rtìs p°lnâ harğ°ntâ - hupèr-çrīlâ.<
(Anna ein Messer zeigend:) >Hier ein Messer, voll-silbern, super-schön.<

(^Jânis krikájonts:) >^NE-ĞHÍ!<
(Hans schreiend:) >Nein!<

(^Rηğînā:) >Qìd ^né?<
(Régine:) >was nun?<

(B'eğhìt's ^nóvωt's ^o-^neídesos:)
 Von draußen erneut Geschimpfe:)

(A:) 'Am Schimpansenweg das Außenlicht...'
     uns schmerzhaft in die Augen sticht...'
(B:) 'Zu uns, den einzig Wahren
     strömen immer größ're Scharen...'

(Todὼ putlíωn ^voqώn:) 'Äne – mäne -muh / Und aus bist du.'
(Dann Kinderstimmen:) '...'

(^Jânis:) >Çrézdhω ^né вhûl pηpòn paúlān ^medhi-dinikân paústin ^entér-dhηl.
(Hans:) >Ich glaub, es wäre nicht schlecht eine kleine Mittags-Pause einzulegen.

Qὼ hàn вhût, чajo-^jὼrahi hapo-^vidήl-se?<
Wie wäre es, sich in der Tee-Zeit wiederzusehen.?<

(^Rηğînā:) >Paúl paustìs вhût kaljâ.<
(Régine:) >Eine kleine Pause wäre schön.<

C. C. Чájωs ^jώrā
C. Teestunde

(Trrr...trrr. trrr!)

(^Jânis dalhú-^vωdon ^ùd-tlālòs:) >Budgereit.<
(Hans den Fern-Sprecher aufgehoben habend: >Buti-qéroitis.<

(Ánnā:) >^Alalà, чájωs^jώrā!<
(Anna:) >Hallo, Tea-Time!<

(^Jânis:) >^Vésu. ^Rŋğînān pro-в'oudhéjω. ^Oqþi-pétωn paúkon!<
(Hans:) >Gut. Ich wecke Régine auf! Wenig Augen-Flüge!<

(Ánnā:) >^Vésu, чájos ^eti tènkenós.<
(Anna:) >Gut, der Tee noch des Ziehens.<.<

(^Jânis ^Rŋğînān^o-ğhulòs skeviò-paríān - qe hen-klaukàsalòs:) >^Alalá!
(Hans Régine angerufen und das Skyping eingeschaltet habend:) >Hallo!

(^Амвhώ:) >Чájos ^joù hódjeti.<
(Die beiden:) >Der Tee duftet schon.<

(^Rŋğînā:)>^Su-sqérion.<
(Régine:) >Wunderbar.<

(^Ánnā:) >^Àd ^e-tòn gròvio-pipálomhìs peqtòn ^eğώ^laskàj°ntî.<
(Anna:) >Dazu ein Gebäck mit Kranich-Beeren ich naschend.<

(^Rŋğînā:) >^Eğώ çad-^alánomhì ghrīm'n°mhí.<
(Régine:) >Ich mit Crema cat-alana.<

(^Jânis:) >^Menè ^mâkonos éti gώgos.<
(Hans:) >Meiner ist noch ein Mohn-Kuchen.<

(Treîs:) >^Svādώmedhai!<
(Die drei:) >Genießen wir!<

(ğustájenì:) >^Láskomon!<
(im Kosten:) >Lecker!<

(^Rŋğînā:) >Çad-^alanikòn ghrîm°n - ^loukó-dhīs!<
(Régine:) >Die Crema catalana – eine Weltanschauung!<

(^Ánnā:) >Parós-dω paúkon ^eğὼ tonghò-^menṅs. ^Nò had-é-stāt ^ad ^mè^lidùs
(Anna:) >Vorhin ich ein wenig ich schwer-mütig. Aber trat zu mir ein kleiner

^nì-drâs svopníomhì ^su-sqériomhi: ^Vornòs ^ávis
Schlaf mit einem wunderbaren Traum: Ein schwarzer Vogel

pṇsnùt's ^órmenos, pi-páltrijonts, pi-páltrijonts ^v°rsù ^versíjos ^semdὼ ^versíjos
vom Staub sich erhebend, flatternd-flatternd hoch, höher, immer höher

ğholonjó- вhoig√òs ^ud-steíghonts^èn djṅn.<
gold-glänzend in den Himmel aufsteigend.<

(^Jânis:) >^Upér-^su! - ^Véldomai ^nè qín-qe ^e-tòn ^apò-sçṇúl.<
(Hans:) >Toll! - Ich hoffe, dass niemand den abschießt.<

(^Rŋğînā:) >^Avíωn ^neçàl ^sanì haghlâ ^svodhâ. ^E-çeì deçsíei
(Régine:) >Das Vogel-Töten ist eine besonders widerwärtige Sitte. Hier im Süden

в'°nğhúdω tesjò teru-koviās ^ne-qíd.<
oftmals dafür an Zart-Gefühl nichts.<

(^Jânis:) >Qoívo dò Barkîno°n ^jûs ^`an ^o- gè-g√°mté?<
(Hans:) >Wie nach Barcelona seid ihr eigentlich gekommen?<

(^Rŋğînā:) >^Eğὼ kórei ^Víkei çalídei ğnātâ. ^Nòs ğnātìs kórei ^sù-he-вhéreto:
(Régine:) >Ich im Krieg in Vichy geboren. Unsere Familie im Krieg trug sich gut:

çrīlâ ^vólj-^aulis, ğhlidájѡs haçánѡs,^ánğhesos ^ne-qíd.<
eine schöne Villa, luxuriöses Essen, an Angst nichts.<

(^Ánnā:) >Qoívo tá?<
(Anna:) „Wie das?<

(^Rŋğînā:) >^Moì pătὴr ^ήst proti-^semìtikòs ^ὴd pro-dătѡr. ^Moì ^mâtηr
(Régine:) >Mein Vater war Anti-Semit und Denunziant. Meine Mutter

kóron postì hepì ^ne galimâ he-kûjeto jehudi-ghostinikíahis
selbst nach dem Krieg fühlte sich nicht fähig, sich in jüdischen Gasthäusern

perí-^manὴl: ' ^Idhă ^Jehúdit's hódjeti.'
aufzuhalten: 'Hier riecht es nach Jude.'

Kórѡs sὴtùs ^āsmesὼn ^ήst ^óletar. Prógnos korianòs ^nos ^o-hé-deçst.<
Das Kriegsende für uns war das Unglück. General Franco nahm uns auf.<

(^Jânis:) >Tù hàn ^mὴìs kûjesai ^vὴ kàldhu-^rѡmanâ ^vὴ hiвairikâ?<
(Hans:) >Du fühlst dich mehr als Gallo-Römerin oder als Ibererin?<

(^Rŋğînā:) >Çad-^alànikân kûjomai. ^Ésti hiвairikâ
(Régine:) >Ich als Kat-^Alanin fühle mich. Es gibt ein iberisches

hὴd kaldhu-^rѡmanâ Çad'-^álûnjā.<
und ein gallo-römisches Kat-alonien.<

(^Ánnā:) >Doíçωn ^anğhenών -qe dvì-hen-hóqωn prinâmi.<
(Anna:) >Zwei-gesichtige Gegenden und Personen liebe ich.<

(^Rηğînā:) >^E-sò doíços qὼ dvὼ petnè kerpm'm°mhì b'°rğhûndamhìs
(Régine:) >Diese Gegend wie zwei Flügel mit einem Leib aus hohen Bergen

^médhjei. Kerpm°n ğhlωròn, ^amвhὼ petnè ^roudho-ğholto streìbatώ.<
inmitten. Der Körper ist grün, beide Flügel rot-golden gestreift.<

(^Jânis:) >Çad-^Alûnjā? – hAn-^uktòn ^nώm°n.<
(Hans:) >Kat-Alonien? - Ein ungewöhnlicher Name.

(^Rηğînā:) >^„Çad--^Álûnjā" ^nώm°n ^Alánωn smoréjeti,<
(Régine:) >Der Name Kat-Alonien" an die Alanen erinnert.<

(^Jânis:) >^Alánœs teútā hή́s°nt çousterikâ. - Qìd toisὼn doustérei ğnώkanon?<
(Hans:) >Die Alanen waren ein östliches Volk. Was deren Bedeutung im Westen?

(^Rηğînā:) ^Vesqeríā hAlánωn ^meğ°ntihì d'ólghei:
(Régine:) >Das Abendland ist in der Alanen großer Schuld:

Çad-^alūnikeìs kámpeis çad- ^alūnikân praì Kampaníān ^Matérnās ^upèr,
Auf den kat-alaunischen Feldern bei der chalonischen Champagne sur Marne

^ωdjή diviòs qù Kampánios spήjeti, qetrù ç°ntā penqé-çontā hoinòn^vétesì
wo heute göttlicher Champagner gedeiht , im Jahr vierhundert ein und fünfzig

^Alánœs в'éndhromhìs krūrístωn klātíωn ^oinân ^salvótro^
die Alanen mit Verbündeten eine der blutigsten Schlachten überhaupt

çouhròn, çouhròn, çouhròn protì huntikòn^eçv'oitikòn-kórion ^é-dănto.<
gegen ein riesiges, riesiges, riesiges hunnisches Reiter-Heer gaben sich.<

^Úntœs Reinùn te-travỳr ^viçvân dousterikân ^Vèsqeríān pí-sdetun.
Die Hunnen den Rhein überwanden das ganze westliche Abendland zu besetzen.

Bhlávios ^Aítios, Kàmpaníahi kÞātró-pωs, postamòs ^méğonts ^rωmanòs
Flavius Aetius, Stadthalter in der Champagne, letzter großer römischer

korió-^vodhos, „^Vesqeríās ^vrūtὼr", kaldhù-^rωmánomhìs. progniskomhìs,
Heer-Führer, „Retter des Abendlandes", mit gallo-römischen, fränkischen,

в'ᵒrğhntíomhis. ^saksonikomhìs, alanìskomhis – qe koríomhis ^oinitomhìs
burgundischen, sächsischen und alanischen Heeren vereinten

^Untons protì^Vesqeríā n ^seéğhesvᵒnt^som-^é- ^vedhet.<
gegen die Hunnen das Abendland siegreich führte zusammen.<

(^Jânis:) >Qìd ^àn ^Alánœs dò ^Doústeron ^e-kólŋst?<
(Hans:) >Was trieb die Alanen nach Westen?<

(^Rŋğînā:) (Çad-)^Alánœs, ^vὴ „^heçv'-oítœs" (Osseten), Çelomā̰tωn dólon,
(Régine:) >Die (Hat-)Alanen, oder „Pferde-Geher", Teil der Sarmaten (Pfeilträger)

^sen-^arjanâ teútā Kara- Kaspí – qe ^mórŋis ^entèr, tertòs
sind ein alt-iranisches Volk zwischen Schwarzem und Weißem Meer, von dort

^Untiвhòs be-вhùgvusî ^Venhtlomhìs, SvŋBhónᵒmhis, Ğhoudomhís – qe
vor den Hunnen geflohen seiend, mit Vandalen, Schwaben und Gothen

pò Çadíān ^sè-^solkvóses B'ᵒrğh'-^óndωn ^nà petnè ^se-sèljahŕ̨r,
durch Hessen gezogen seiend an den Flügeln der Hohen Berge haben gesiedelt,

posteròn svotòn ^Maúromhìs, ^Iвairomhìs, Bhíg√nomhis, ^Rωmànomhís - qe
später natürlich mit Mauren, Iberern, Phöniziern und Römern

^sòm-^meiçómeno<i.
sich vermischend.<

(Beğhìt's:)
'Europa geht uns auf den Sack!
Multi-Kulti fake und fuck!

(Taúsωs / Schweigen)

(^Ánnā:) >Qoívo, ^Rŋğînā, Barkînonhi tevè hήst g√îl?<
(Anna:) >Wie, Régine, in Barcelona deiner war Leben?<

(^Rŋğînā:) >^Ā, Bàrkînωn! Barkáωn kápnos!
(Régine:) >Ah, Barcelona, der Hafen der Barken!

Barká-kapnon, ^jòs ^ne ğ°nnâti, ^sò ^Vesqeríān dédorçe ^ni-^jodώ.
Barken-Hafen, wer nicht kennt, der hat das Abendland nie gesehen.

Bàrkînωn – svópnion, kárumhìs, poiçomhís-qe tvoritâ barkarólā.
Barcelona ist ein Traum, eine aus Steinen und Farben geschaffene Barkarole.

^Nò had gé-g√āhe hàd ^mè Barkînonos^epì tomnâ spólnā.<
Aber ist gekommen zu mir Barcelonas auch dunkle Seite.<

(^Ánnā:) >Qὼ he-tód?<
(Anna:) >Wie das?<

(^Rŋğînā:) >^Moì ğònitóre be-вhúgvosè Çalítωs ^éğh' ^Víçωs ^alg-^algὼ^ ήstŋn.
(Régine:) >Meine Eltern geflohen seiend aus Vichy waren arm.

^Moì pătὴr tustòs ^nāu-gòmitὼr^vórğon ^ep-^ópvosèl.
Mein Vater zufrieden einen Job als Schiffsbelader erhalten zu haben.

^Nosὼn ^ήst ^mizdho-kapánā kapanáωn g√ātóvi. ^Án tèr ^rωmánahì ^jὼrahì
Unserer war eine Miet-Hütte in der Hüttengasse. Vielleicht dort in römischer Zeit

^autíes ^e-^vídjonto ^órʙhωis, ^joì todὼ sómon ^vórǧon qὼ
befanden sich Lager für Sklaven, die damals dieselbe Arbeit wie

kóron postì ^moì pătὴr qerenòs ^ήs°nt.<
nach dem Krieg mein Vater waren des Tuns.<

(^Jânis:) >Kapno-skoídωn noqtì ^ne ^rήdhko gorǧὼn: Madm'nikὼn, puǧὼn,
(Hans:) >Hafen-Bezirke nachts nicht selten schrecklich: Drogen, Fäuste,

^laskà-pornáωn, k°rtíωn...<
Lust-Verkäuferinnen, Messer...<

(^Rηǧînā:) >B'°nǧhú-dω kríkωn ^eǧh' g√ātúωn ^ã-^vídnωn.
(Régine:) >Oft Schreie aus unsichtbaren Gassen.

^Eǧὼ hήs°n trì-deç°n-^vetὴs, ^jodὼ kapno-skoídei ^noqtì domón-do hήsn
Ich war dreizehn-jährig, als ich im Hafen-Bezirk nachts nach Hause war

îj°ntî. ^Jūnὼn qetvóres ^avìs maztoì^sīdhù hàd ^mè hàd-he-çónkonto.
gehend. An Jugendlichen vier offenbar betrunken auf mich zu schwankten.

'Olla, paúlā ^svādvî, tù s°ntjòs ^vólos. - Tà seqómena ^nè ho-piçájeton.
Hallo, kleine Süße, du bist ein wahrer Schatz. Das Folgende unbeschreiblich.

^Eǧὼ ^lakrò paníon. ^Eǧὼ puǧ°mhì ǧéphar ^upó-slὴg√°ntî
Ich ein zerfetztes Tuch. Ich mit der Faust den Kiefer hoch-pressend

^mὴ kríjatun hé-ʙhūt ^ālasél--se domón-do.
um nicht zu schreien, wurde Irren nach Hause.

^Mºrtukòs ğhωísos ğnātihì! ^Aвhnờt's ^ó-ğhūl ^vrutín! 'Tatüüü – tattaaqahhh!'
Todes-Schrecken in der Familie! Sofort Anrufen die Rettung! 'Tatüü-tattaaah!'

^M' ^e-pórŋsant ^èn вholnikíān. Septºndeínān ^oinân^aissçáωn ğhoidistáωn!
Sie transportierten mich ins Krankenhaus. Ein Woche grauenhafte Untersuchungen!

Dómei – taúsos. Pŋpà ^mŋ̀ praì-ğhûl! G√īl hen-d'oiğhatòs qờ в'ºrğh'-^eğhérωs podí.
Zu Hause - Schweigen. Ja das Schlimme nicht herbeirufen! Leben wie am Fuß eines

^Semdờ вhītìs ğherístomhi skógomhì ^saítus^àn
eingedeichten Hoch-Sees. Immer die Furcht, durch kleinstes Schütteln der Damm

вhūt vrŋğenós.<
wäre des Brechens.<

(^Ánnā:) >Gorğón.<
(Anna:) >Grauenvoll.

(^Rŋğînā:) >^Àd ^âtmennòn kaìlutórºn ^me hé-^jănt.
(Régine:) >Zum Seelen-Heiler sie schickten mich.

^Mámamhì Ğhoudikòn ^èn skoídon, qù hesjò ^vòrğo-kámhrā he-vídeto, hé-g√ān.
Mit Mama ins Gothische Viertel, wo sein Praxis-Zimmer sich befand, ging ich.

^Menè trώвais pºrhnâis dºrçtìs ^n'^ńst ^ne-ğhí. ^Sŋtóvi, hīssçèl postì dlaghù
Meiner für die alten Gebäude Blick war keineswegs. Endlich nach langem Suchen

praì galukân Djú-^sédrān, ^àd platíān Çventωs' Prij'-^éçvωs Neri
am Haupt-Himmels-Sitz am Platz des Heiligen Philipp Neri,

qù (qờ posteròn ^mè he-^voídŋsºnt) ^ezspanjakờs^voiçiakờs kórωs ^jώrahi
wo (wie sie mich später informierten) in der Zeit des spanischen Bürgerkriegs

^v°lqœs ^orвhrūnoì krūrɷ̀n pórgɷn ^e-ke-qójηsant,
die orphrunischen Wölfe brutale Morde angezettelt hatten,

kailutóros qɷratórion ^noù hé-вhūt ^vrηsçèl. ^Ωdjὴ ^voida: Plaça Ç. P. Neri
des Heilers Praxis unserer wurde Finden. Heute weiß ich: Der Platz d. Hl. F. Neri

gothikɷ̀s skoídɷs ç°rdì ğhéristòs Gaúdηὶs be-вhûvosèl вhâjetai tópos.
im Herzen des gothischen Viertels Gaudis begehrtester soll gewesen sein Platz.

Tгɷвáɷn p°rhnò-pro-deíçmennò tvoritáɷn.   ^Mηdikâ qɷríā pérvei ^vérsm'nì.
Gebäude alt-vorbildlich gestaltet.   Die Arzt-Praxis auf erster Höhe.

G√alinâ stíghā – gargarj°ntî. ^Aná-klātis dus-kolâ. ^Vη-dvaì hali-d°nğhukaí.
Die eicherne Stiege knarrend. Anmeldung schwierig. Wir zwei fremdsprachig.

Kailutɷ̀r palù prijátnos, ^an-uqtò ezpanjî-^veqή́s: „Buenas dias".
Der Heiler angenehm, ungewohnt spanisch sprechend: „Guten Tag."

^Ónon, ^é-вhāt, Simon Glück ^nɷm°ntòs, Germaníāt's en-^je- jâvosèl.
Er, sagte er, Simon Glück von Namen, sei aus Deutschland eingereist.

^Máma ^ánt'^e-sqet ^nos ğnātìn Kalto-^Rɷmaníāt's ^ò-ge-g√âvosèl.
Mama antwortete, unsere Familie sei aus Frankreich gekommen.

^Eğɷ̀ dus-kolíamhìs ^é-pérjas°n ^moi sqétlon pró- g√ardhèl.
Ich mit Schwierigkeiten versuchte meine Geschichte vorzutragen.

^Ónos ^è-havíāst ^e-tà hapó- lutò вhûl gorğá. ^Esjâs ğnātìn ^oismakomhì
Er erläuterte, das sei absolut grauenvoll. Seine Familie sei durch blut-rauschigen

hau-^mónhimhì ^vi-gè-g√osél-se, ^mè ^laskivomhì hoismomhì be-вhûvisél dīpròn.
Wahnsinn ausgelöscht worden, ich durch lasziven Blutrausch sei Opfer geworden.

Barkîno°n ^sù-sqérion ^som-^mώdesos вhûl ^mωízton. Ploútωt's ^ad-^é-вheret
Barcelona sei ein wundervoller Ort des Zusammentreffens. Von einem Regal holte er

trah-вhănésn вūtînān ğhlăni-spliztroimhìs ^entérei hὴ ^loido-pupílān
eine dia-phane Flasche mit Glas-Splittern im Inneren und ein Spiel-Püppchen

^eğh' kístān. Pupílān ^èn splìztro-вūtînān ^en-tùdsalòs ^ónos postérān
aus einer Kiste. Das Püppchen in die Splitterflasche gestoßen habend letztere

qoléjeti. Bhâti, ^ā-^médhion ^som- sédistveì, hèn Baixada de Santa Eulàlia,
er lässt rollen. Er sagt, unmittelbar in der Nachbarschaft, in der Baixada d. S.,

krūrὼn ^Sù-^lalíān ^èn pódon splíztromhìs^èn-kè-komήvosèl podón – qe
hätten Brutalos die Eulalia in ein Faß mit Splittern gepresst und das Fass

^ūlikiân ^nìtro-qoléjl..<
die Straße nieder rollen lassen.<

(^Ánnā:) >Krūrὼn dīpromhìs ^ésti ^salvótro.<
(Anna:) Brutalos mit ihren Opfern gibt es allenthalben.<

(^Rηğînā:) >Kailutὼr ^oqnòn ^ap'-^é-^vrīt. ^E-qώçonto ^sénā dju-çήlā,
(Régîne:) >Der Heiler ein Fenster öffnete. Es erschienen eine Gotteshalle,

^medhj-^aivonikὼn g√ātúωn^su-sqeríomhìs dómωn^en-^óqomhìs
mittelalterliche Gassen mit wunderbaren Hausfassaden.

Kailutὼr ^é-вhāt, é-ghi krūròns dīpromhìs вhûl. ^Nò hepì вhûl çrîn, вhûl
Der Heiler sagte, ja, es gäbe Brutalos mit Opfern. Aber es gäbe auch die Schönheit,

^o-nωriòn вhûl Barkînon°n.
Es gäbe das traumhafte Barcelona. <

(Ánnā:) >Toì kailutừr ^`an ^ónos teʙheì ^né-^nāħe?<
(Anna:) >Dein Heiler, hat er dir geholfen?<

(^Rŋğînā:) >^Upér- su! -^Ónos ŋ́st ^jûvωn^sù-^vésmωn, paúko ^merg'-^ăstŋ́r.
(Régine:) >Super gut! Er war jugendlich, gut gekleidet, ein wenig Mädchen-Star.

^Lŋ́no-^lŋ́no hé-kóvejon ^moì hātmón°n spliztrikât's ʙūtînāt's ^eğh'-^mughál-se.
Langsam fühlte ich meine Seele aus der Splitter-Flasche sich hinaus-schmiegen.

^Som-^vódanon postì hónos ^noù dò dju-sédrān ^é-^vódhŋst.
Nach dem Gespräche jener uns beide zur Kat-hedrale führte.

Tèr ^sâ hé-çeito, divjâ ^nâus, çouhrâ çuʙhrâ penqe-^mazdájā ʙárkā
Da lag es, das göttliche Schiff, eine riesige, schön-glänzende Fünf-Mast-Bark

Djŋ̀n karu-d°ltamhìs- barkarólamhis steútun.^Énteron ğholtinò spléndj°nt
den Himmel mit stein-geschnitzten Barkarolen zu preisen. Das Innere gold-glänzend

sanutéromhìs g√ātu-^vérsm'm°mhìs karùatâ ʙhugâ. ^Símon ^e-ʙāt, ʙarkinonískons
mit verschiedenen Gang-Höhen eine versteinerte Fuge. Simon sagte, die Barcelonier

^vetesnà per ç°ntà ^medhj-^aìvontòs ^nà he-tân dju^sédrān ^vè-hurğŋ́r.
hätten durch Jahrhunderte seit dem Mittelalter an dieser Kat-hedrale gearbeitet.

^Nú ^ma hūlikiáωn ^vísons káruns ^vi-g'nŋ́ghel..<
Nun aber der Straßen Gifte zernagten die Steine.<

(B'eğhìt's ^voqὼn /Von draußen Stimmen:
'Wir haben Mut zur Lücke,
Haun Ent-Artetes in Stücke!

(^Rŋğînā:) >Dju-sédrās ^èn ^upo-ğhÞémion çóvion ^nì -he-stíghove. qù
(Régine:) >Der Kat-hedrale- in die unter-irdischen Höhle wir stiegen, wo sich befindet

^sù-sqérjā ğhlăsno-^léjes°mhì ^vídjetai^neçu-dhŋ́kā qὼ ç°nstòn çvéntās ^Eu-lalíās
ein wunderbares aus Glaslehm Leichengefäß wie behauptet mit den Gebeinen

^ósthimhìs tri-deç°n-^vetésos kÞătór°mhì Datiánomhì g√h°ntâs
der dreizehnjährigen Hl. Eulalia, der vom Herrscher Datianus ermordeten

tesjas ^ad çrézdhān ghrīstianân peri-ge-hòdηvóselòs ^véçno. ^Viçvòn ^sóm-^mωdos
wegen deren zum christlichen Glauben Übergetreten-sein. Nach jedem Treffen

postì^Símon ^nóva Barkînonòs ^su-sqéria ^megheì hep'-^é-hávāst.<
Simon neue von Barcelona Wunder mir machte offenkundig.<

(Ánnā:) >Qωçetaí ^moì Barkînon°n paúkon qὼ Çvéntān Petró-в'°rğh°n.<
(Anna:) >Es scheint mir, dass Barcelona ein bisschen wie St. Petersburg ist.<

(^Rŋğînā:) >^E-çeì deçsíωs ^upò divòs tvoranótats ^ṇd ^ménesos ^erevíā kÞăjonti .<
(Anna:) >Hier unter südlichem Himmel herrschen Kreativität und Geistesfreiheit.<

(Ánnā: >Todὼ tù hésti ^vì-kritíωn.<
(Anna:) >Dann gibt es doch Unterschiede.<

(^Rŋğînā:) >^E-hodéjove pò „Rámblāns, ^su-sqerio-trωвáωn ^mîmo, ^vidjoménω
(Régine:) >Wir zwei gingen durch die „Ramblas", an Wunderbauten vorbei, sehend

Gaudikà ^onώria hópesă, „Sagrada Familia", die „Cásā mîlā", den „Parc Guell":
die gaudischen Traum-Werke, die „Heilige Familie", die Casa milà, den „Parc Guell":

^nóvo-^mìnωïkὸn ^nemeto-dhώmnωn téges°mhìs ^v°lnakomhìs stoвho-tlātòn,
neu-minoische Heiligtümer mit Dächern wellenförmigen, säulen-getragenen,

kerd'-.éğ(√)híωn çònkho-plâtomhìs pélnimhì, çrî- вhàgov‿°ntὼn вhudǹ̥li-çrānatὼn
Kunst-Echsen mit Haut aus Muschel-Platten, Schönheits-Pagoden pilz-gekrönten,

вhādhlò-вhūtὼn ^alвhωn, (ha)modhúrωn, ^sù.^rengésωn.   ^Ħs°n ^viprâ!
Fabel-Wesen, weiß-blau-orangene.   Ich war begeistert!

^Sîmωn ^moì ^rώdostin ^é-kūjet. ^Ónos ^é-вhāt ^menè вhûl kerdiakân galimân.
Simon meine Freude fühlte. Er sagte, meiner sei künstlerisches Vermögen.

^Menè hé-вhūt peíçel. Peíçel, peíçel...- ^erevíā! - ^Sīmón°mhì posteròn
Meiner wurde Malen. Malen, Malen...Freiheit! - Durch Simon später

dò Prijó-в'°rğh°n gé-g√oma tèr kerdíān ^víd-^jetèl.<
ich nach Freiburg gekommen dort Kunst zu studieren.<

(^Jânis:) >^Nóvon ^éti kórton: ^Sîmωn, ^àn tè ke-kaílīħa
(Hans:) >Ein neues Mal: Hat Simon dich geheilt?<

(^Rŋğînā:) >Çrézdhω hé-ghi.
(Régine:) >Ich glaube ja.

^Nò ^vǹ̥rān ^moì ^svodhân ^voumhìs (P)ar-deçsíahi hóletar postì
Aber meine wahre Identität habe durch euch nach dem Unglück in der Ardèche

hé-hŋpa. ^Jânimhì „Su-^rωpîn" ^au-^ou-^oúkŋħa,
erhalten. Durch Hans habe ich „Su-ropî" gelernt,

(^Jânis:) >^Voù dhousíā - ^moi dhousíā.<
(Hans:) >Eure Seele -meine Seele.<

(Ánnā.) >^Moì dhousíā - ^voumhὼ (k)samewrinòs dhvorékios!<
(Anna:) >Meine Seele durch Euch ein Sommer-Palast.<

(B'eğhìt's ^voqὼn:)
'Wir zerstörn das Außenlicht.
Das uns in die Augen sticht.
Unerwünschte ^raus!
Wie wollen ein Gemeinschaftshaus,
Schwarze, Schwule, Asylanten
Sind für uns nur Ekelbanden
Wir haben Mut zur Lücke
Haun die Fremdenwelt in Stücke!'

(Taúsωs / Schweigen)

(Dhurtòs:) 'Trrr. Trrr, trrr...

(^Jânis dhvór°n ^apo-^vrīlòs:) >^Ώ...<
(Hans die Tür geöffnet habend:) >Oh...<

(Dvaì prai-^voiçînai - „Gretl" ^ńd „D'rúghtlā" perí-qω penqé-ç°ntă ^vetsése
(Zwei Nachbarinnen, „Gretel" und „Traudl" ungefähr fünfzig-jährig

toutinísko-^vésmone po-hàviatés-se.)
volkstümlich gekleidet erscheinen.)

(^Jânis ^apo-^vrīlòs:) >^Ώ.<
(Hans geöffnet habens:) >Oh.<

(Dvaì potnî, ^jetérā gŋdho-^voinakomhì
(Die zwei Damen, jede mit je einem Blumenkranz

gálvāi hepì kāro-ğhvωqamhí -qe haidhoménamhì ğhesrì hen-èjení:)
auf dem Kopf und einer brennenden Wachs-Kerze in der Hand im Eintreten:)

(Gretel:) >Hallo, lieber Herr Nachbar, wir zwei können den Wahnsinn nicht länger ertragen. So wollen wir beide uns in dein Refugium retten.<

(^Jânis:) >Ich bin gerade mit St.Petersburg und Barcelona im Scypen.

(àd Ánnān ^ήd^Rηğînān:) >^Moì çoivístai prai- voiçînai.<
(zu Anna und Régine:) >Meine beiden liebsten Nachbarinnen.<

(Traudl:) >Hallo, es freut uns Euch zu sehen.>

(^Rηğînā hÁnnamhì:) >Alalá!<)

(Gretel:) Ihr wißt, heute ist Johannis-Fest. Im vorigen Jahr wir zwei in Litauen waren, dort das Johannes-Fest zu genießen. Unglaublich eindrucksvoll! In der Sonnenwende weißen Nächten die Leute versammeln sich um ein Feuer zu tanzen volkstümliche Lieder singend. Tänze wie die kat-alanischen „Sardanas". Selbst nachbarschaftliche Feinde geben sich friedlich die Hand.<

(Traudl:) > Wein-Geist die Feiernden segnet.<

(Gretel:) >Nicht selten tragen Liedermacher erhebende Hymnen vor, zum Beispiel::

(Traudl:) >'Noris ap-imti visą pa-saulį;
(Gretel:) >Ich möchte umfangen alles unter der Sonne;

(Traudl:) >Noris mylėti Dievą Aukščiausį;
(Gretel:) >Ich möchte lieben Gott, den Hohen;

(Traudl:) >Noris pa-siekti amžiną grožį!<
(Gretel:) >Ich möchte die ewige Schönheit erreichen!

(Traudl:) >Ko gi taip liūdna? Ko gi taip ilgu?<
(Gretel:) Warum aber ist es so lütt(-sinnig), so lang(weilig)?'<

            (Maironis)

(Grétel:) >Wir zwei haben zufällig bei der Familie Degutytė („Feuerlich") in Vilnius,

in der Memel-Königin, mit den Tausenden von Gesichtern, Schlössern, Kirchen

in der Nähe der traumhaften gothischen Sanct Anna-Kirche gewohnt .<
^
(Traudl:) >Unsere Gast-Familie waren – tief bewegte, weise Leute!<

(Gretel::) >Wir haben ein wenig Litauisch gelernt, was für die Familie

ein besonderes Freudenfeuer war.<

(Pò hoqnòn derçetòs ghórtei skótos sélonts ^mugrós.)
(Durch das Fenster sichtbar im Garten schleichend ein lauernder Schatten.)

(Ánnā:) >^Moì ğnātìs ^epì ğhωájei kâpei Dju-hanès-^Ognìn ke-çvénηɧe.
(Anna:) >Auch meine Familie hat auf dem Land-Huf Johannis-Feuer gefeiert.

^Āsmeîs skrîpsnā hepì ^m°rtòn ğnωkéjeti ^hud-kroipsánion.<
Unser Johannisfeuer bedeutet auch der Toten Auferstehung.<

(^Rŋğînā:) >Çad-^Arjánœs aмвhω-spolnájoi Canigo(u)-mendi hepì
(Régine:) >Die beid-seitigen Kat-Alanen auf dem Canigo(u)

^Medhi-ksāmerinó-haidhon ^índhontai. ^Viçvoвhòs Çad-^Alánœs doíçoвhos
Mitt-Sommer-Feuer entzünden. Aus allen Gegenden die Kat-Alanen

^àd gálvān srévonti ^çouhrὼs ^ognη̥ìs perì çordhánans dη̄tun.
zum Gipfel strömen um ein riesiges Feuer Sardanas zu tanzen.

^Ãsmeîs Dju-hanη̣s-^ognìs ^epì ^som-^oínitìn ğnωkéjeti.
Für uns Johannis-Feuer bedeutet auch Vereinigung.

(^Ânnā:) >Qu-tòs „Cani-go(o)"-^nώm°n ^apo-^vodhéjetai, ^ne ^voída.
(Anna:) >Woher der Name Canigu(o) sich ableitet, weiß ich nicht.

^Nò ^moi haúsihì „canicula" (='Tvisrios') ^o-svéneti.<
Aber in meinem Ohr „Hundsstern" (Sirius') klingt an.<

(^Jânis:) > „Çun'-ăstér°n" Hût-ka-ptahì („Memphis")
(Hans:) >Den „Hundstern" in Ä-gy-pten (Memphis)

„Sothis" ^e-ge-ğhuη̇r. Sothis cani-deivomhì^Anuвis ^som-ğnātòs ^η̣st.
„Sothis" sie haben genannt. Sothis mit dem Hunde-Gott Anubis war verwandt.

Canigo(u) hognìs çéhuron deçsíomhì, g√īvótān ^m°ertumhì,
Das Canigo(u)-Feuer den Norden mit dem Süden, das Leben mit dem Tod,

ğhÞη̥m°n djemhì som-^júngeti.<
Die Erde mit dem Himmel verbindet.<

(^Voqὼn в'eğhìt's ^ep'-^oismakò:) 'Europa geht uns auf den Sack!
(Stimmen von draußen aggressiv:) 'Multi-Kulti fake und fuck!"

D. ^Vèsqeró-pitus
D. Abend-Speise

(Treîs skevió-pares ^àd ^vesqerinó-^vestion ^som- mṓdjontai. ^Saníωn pītúωn
(Die drei Wolken-Partner zum Abendessen treffen sich. Besondere Speisen

^voínomhì stólhωi hepì.)
mit Wein auf dem Tisch.)

(^Ánnā:) >G√ólhi, ^jòd ^voù ^nè galimṑ ^moi ^vorhénikòns ğustál.<
(Anna:) >Schade, dass Ihr meine Vareniki nicht kosten könnt.<

(^Rŋğînā:) >Qìd toisṑn ^sanúteron?<
(Regine:) >Was ist daran besonders?<

(^Ánnā:) >^Vorheníkœs taisto-poltáωn ^sanutèromhìs som-d'erghánomhìs,
(Anna:) >Vareniki sind Teig-Taschen mit verschiedenen Inhalten,

para-deìçmntòs ^m°ldu-sûrimhì. ^Manóghωn çéns°nti, ^Svή‌ʙhons taisto-póltāns
zum Beispiel mit Quark. Manche behaupten, dass die Schwaben die Teig-Taschen

^mή‌ms°mhì ^médhjei ^som-^ve-^vrὴ‌r deivṑs ^antì hapo-çélel tòns çvéntons
mit Fleisch inmitten erfunden haben, um vor Gott zu verhehlen, dass sie an heiligen

deín°ns ^mή‌ms°n ^áçel.^Eğṑ prai-^voiçînωn médhjei taisto-póltā kûjomai.
Tagen Fleisch essen. Ich inmitten der Nachbarn als Teig-Tasche fühle mich.

^Voumhṑ hoívo skevio-paríahi ^menè ^vodéjl.<
Nur mit euch in der Wolkenpartnerschaft ist Sprechen.<

(^Jânis:) >Tevè ǧnωtòn skeviò-^vodánωs ^o-sdno ^viçvà hapo-çlûsçonti.
(Hans:) >Deiner bekannt, dass sie der Wolken-Unterhaltung fast alles ab-lauschen.

^Aídhηr ^o-sdno ^salvótro ^visatós.<
Der Äther ist fast überall vergiftet.<

(^Ánnā:) >^Apo-çlūtóres ^su-^rωpájān ^nos dᵒnǧhúān ^nè hèpi-^vétonti.<
(Anna:) >Die Ab-Lauscher unsere europäische Zunge nicht verstehen.<

(^Jânis:) >^E-toì galimoì hónān ^ví-ǧnωl. Skeviò-paràl ^ne-ǧhì hoívo ^véros
(Hans:) >Die sind fähig jene zu analysieren. Scypen ist nicht nur die Weite

^o-^vosánei. ^nò hepì ho-vósanon ^uru-^loúkei derçetón.<
im Wohnzimmer, sondern das Wohnzimmer auch in der weiten Welt sichtbar.<

(^Ánnā:)>^O-derçedhvei hàd ^mè ^sálvoi hi-^vídsontes ^jòd pé-poka.<
(Anna:) >Blickt her zu mir alle, die ihr sehen wollt, was ich gekocht habe.<

(^Rηǧînā:) >^Jânis, qìd tevè hé-вhūt ^artíl?<
(Régine:) >Hans, was deiner wurde Bereiten?

(^Jânis:) >^Marúnωn. ^Véqos svónomhì hàd „Maríān" hὴd „marîlān" g'odhájeti.<
(Hans:) >Maronen. Das Wort klanglich zu „Hundsstern" und „Glutkohle" passt.

„Maríā" divjòs Dju-hanὴs ^ognís.
„Hundsstern" ist das himmlische Johannisfeuer.

^Nò ^márunons Mrωǧ-sédlakomhìs kapuztílomhis ^mé-moiça.
Aber ich habe die Maronen mit Brüsseler Köpfchen gemischt.

Kapuztílωn ^vi-çᵒntî-hoçtώ. ^Ne-qìs ^voíde, ^àn ^e-tâ vetesὼn ^vi-çᵒntî postì
An Köpfchen achtundzwanzig.`Niemand weiß, ob die nach zwanzig Jahren

^éti tóti praì-^vosésjeti.<
noch soviel vorhanden sein werden.<

(^Ánnā:) >^Nóvωn ^jegul'-^aivónωn qώçontai hó-g√emèl, ğhÞǹ-^voidikὼn
(Anna:) >Neue Eiszeiten scheinen zu kommen,   geo-logische

^hǹd kÞătr'-^ağikὼn.<
und herrschaftsbezogene.<

(^Jânis:) >^Menè hǹst ^veldél-se hèn ^nèвhesnân peri-^moínān ^àd ^vésu.
(Hans:) >Meiner war Hoffen auf einen Klimawandel zum Guten.

Qìd ^àn ^nóvon ^aràвikòns ğheimón°n pro-heğh'-^ve-^vodhηђe?<
Was hat wohl den neuen arabischen Winter produziert?<

(^Ánnā:) >^Alíωn ^médhjei – ^apo-klauzmὼs^^ánğhos.<
(Anna:) >Inmitten von anderem: die Angst vor der Aufgeschlossenheit.<

(^Rηğînā:) >^Menè^saníωn çήkωn ^maurokahì ^jurt'-^uqhahì-héвhūt péqel.
(Régine:) >Meiner verschiedene Gemüse im maurischen Jurten-Topf wurde kochen.

(^Jânis:) >Ezpaníā ^Maúromhìs. ^Dlaghù sálumωs ^e-kÞăjeto. Todὼ hapó- laвhtis:
(Hans:) >Spanien mit den Mauren. Lange herrschte Frieden. Dann Rückeroberung:

ghrīstianòs g√ijàtismós. ^Ωdjǹ çeì^jurt-^uqhâ ^salumó-kaitùs ^éstu.<
christlicher Djihadismus. Heute der hiesige Jurten-Topf Friedens-Zeichen soll sein.<

(^Jânis:) >^O-tukjωmos ^nà salút°n salúmomhì!<
(Hans:) >Stoßen wir an auf Heil mit Frieden!<

(Treîs káliç°ns ^ud-tlāloì): >Sáluts salúmomhì!<
(Die drei die Kelche erhoben habend:) >Heil mit Frieden!<

(B'eğhìt's ^voqὼn / Von draußen Stimmen:)
'Das Fremde aus dem Morgenland
werft in den großen Weltenbrand!'

(^Ánnā:) >Qomhì tâli hoismakón?<
(Anna:) >Warum so aggressiv?

(^Jânis:) >^Saltvótro ^η̇d g√ijatórωn ^η̇d ^salúmωs prijatórωn.
(Hans:) >Überall sowohl Gewaltmenschen als auch Friedensfreunde.

(Dhurtós:) 'Trrr, trrr, trrrr...'
(Von der Tür:) 'Trrr....'

(^Jânis:) >Kolkolíjeti. Pó-heimi ^lūkál.<
(Hans:) >Es glöckelt. Ich gehe lugen.<

(Dhvór°n ^apo-vrīlòs:) >Sie hier?<

(Hermes:) >^Ja.<

(Hans:) >Sie wagen es, meine Wohnung zu betreten?<

(Hermes:) >Nur in Ihrem Interesse.<

(Hans:) >Sie waren immer schon ein Anwalt meiner Interessen.<

(Hermes:) >Es war Lisas Entscheidung, Sie zu verlassen und zu mir zu ziehen.<

(Hans:) >Sie haben mein Leben zerstört.<

(Hermes) >Nun will ich es retten.<

(Hans:) >Das können Sie den grünen Männchen auf dem Mars erzählen.<

(Hermes:) >Warten Sie's ab. Darf ich eintreten?<

(Hans:) >Sie sind okkupativ längst in mein Innerstes eingetreten.<

(^Амвὼ ^en ^vósanon ^èn-^i-tés.)
(Die beiden gehen ins Wohnzimmer.)

(B'eğhìt' ^voqὼn:)
'Wir haben Mut zur Lücke,
Haun Entartetes in Stücke!'

(Hermes.:) >Sie hören, was los ist.<

(Hans:) >Ja.<

(Hermes.:) >Ich bin im Abhördienst. Heute in der Mitt-Sommer-Nacht plant der Reinigungsdienst einen Fackelzug. Die wollen den hiesigen Bezirk auch von scypenden Feinden reinigen. Ihre Wohnung gilt ihnen als geheime Kommandozentrale,<

(Hans:) >Hass-Phantasien ohne Grenzen.<

(Hermes.:) >Ich will Ihnen helfen, ihr Anwesen zu verteidigen.<

(Hans:) >Mit welchen Hintergedanken?<

(Hermes:) >Mit keinen.<

(Hans:) >Verschwinden Sie.<

(Hermes): >Sie sind krank.<

(Hans:) >Woher wollen Sie das wissen.<

(Hermes:) >Wir haben digital Einsicht in Ihre Kranken-Akten.<

(Hans:) >Das ist unerhört!!!!<

(Hermes:) >Ich möchte Ihnen beistehen.<

(Hans:) >Wieso das?<

(Hermes:) >Sie lieben Lisa immer noch?<

(Hans:) >Sie ist der einzige Mensch in meinem Leben.<

(Hermes:) >Sie liebt Ihre gemeinsame Wohnung wie keine andere.<

(Hans:) >Sie ist ausgezogen.<

(Hermes) >Aber nicht geschieden, mit mir nicht verheiratet. Sie ist offiziell Haupterbin. Nach Ihrem Tod könnten wir problemlos in die von ihr geliebte Wohnung einziehen.<

(Hans:) >Vous êtes beaucoup haram.<

(Hermes:) >Wir haben gemeinsame Interessen. Wir müssen das lichtscheue Gesindel von der Eroberung Ihrer Wohnung fernhalten.<

(Hans:) >Sie sprechen von gemeinsamen Interessen?<

(Hermes:) >Das ist normal: die Interessenlage ist vernetzt. Man kann auch unter Feinden Geschäfte machen. Überall gibt es sich überschneidende Teilinteressen.

(Hans:) >Ich habe immer für das Vernünftige gekämpft.<

(Hermes:) Das ist unvernünftig. Sie sind ganz alte Schule, teilen die Welt in Vernunft und Unvernunft ein, so als gäbe es nur zwei entgegengesetzte Pole. Die Realität sieht anders aus: Sie ist ein unüberschaubares Netz von fluktuierenden Interessenlagen.

(Hans:) >Das kann heiter werden.<

(Hermes:) >Seien Sie vernünftig-unvernünftig.<

(Hans:) >Soll ich Ihr Reinigungsbesen werden?.<

(Hermes:) >Meine Telephon-Nummer haben Sie ja. Bis dann. Wir sehen uns.< (ab)

(^Rŋğînā:) >^Nè-çrézdheton!<
(Régine:) >Unglaublich!<

(Ánnā:) > ^Moì qώçetai ğhămónωn ^mŋìs-^mŋìs árh.^menos en-kovíamhi
(Anna:) >Mir scheint, dass immer mehr Menschen Vernunft mit Einfühlung

^sémplo hapó-klaukál. Ğhămὼn, ğhvŋ̀r, ğhÞŋ̀n - ^viçvà hoívo svojāì ^nù
einfach abschalten. Mensch, Tier, Erde – alles nur für eigene gegenwärtige

t°rptŋì gomótā. ^Vesqerinòs Bhoig√nos ^nù ^viçvó-g√oròs g√°ltúr.<
Befriedigung Material. Der abendliche Phönix nun ein allverschlingender Geier.<

(^Jânis:) >^M°rtoùs ^ávis parhnòn ^mŋ́ns°n ^ósthiβhòs ^é-grset.<
(Hans:) >Der Todesvogel früher das Fleisch von den Knochen fraß.<

(Beğhìts ç°nto-ğhvónios ^roúkos /Von draußen hundert-stimmiges Gebrüll:)

Unser allergrößter coup:
Raus aus der EU!'

(^Rŋğînā:) >Gorğón! – ^Salvótro hEurώpahì ğhávωn proti-heùrωpájωn.<
(Régine:) >Schrecklich! – Überall in Europa anti-europäische Rufe.<

(^Ánnā:) >Gorğòn ^jòd ^novā ^morğo-d°nğhúā çoustérωs doustérωs ^entèr
(Anna:) >Es ist schrecklich, dass eine neue Eis-Zunge zwischen Ost ìs West

^mûjetai.<
sich schiebt.<

(^Jânis:) >^Menè ^Eurώpā skaitru-voidías èn-^vrŋstòr ^oívo ^menos-ğherήs.<
(Hans:) >Für mich Europa nur als Erfinder der Aufklärung interessant.<

(^Rŋğînā:) >Ğhămónes ^án-^ωq°n g√oùn ^leídonti. ^O-sdno ^salvótro ğhămaì
(Régine:) >Die Menschen „Blinde Kuh" spielen. Fast überall hienieden

^nouda-gomótās ğhήnis, ^avὴr ^visatòs , ^visatâ ğhώrā, ^visatòn ^vódar,
der Nutzstoff-Mangel, die vergiftete Luft, die vergiftete Landschaft, vergiftetes Wasser,

^ati-plήdhúmωs, ^loígωn, kórωn, вhèg√oménωn,..^Nò g√óves ^an-óqai ^oisòn
Überbevölkerung, Seuchen, Kriege, Flüchtlingen. Aber die blinden Kühe in ihren

kómeisn ğhárjontai, poívāns ^vâstāns grástun.<
Zäunen finden Gefallen daran, die Wiesen wüst zu fressen.<

(Dhurtòs:) 'Trrr...,trrr, trrr...'
(Von der Tür:) 'Trrr...'

(^Hânis dhvór°n ^apo-^vrīlòs:) >Sie schon wieder?<

(Hermes kauчuknomhὼ ğhesar-skūlómhѡ:)
(Hermes in Gummi-Handschuhen:)

>Sieh haben heute ihre letzte Gelegenheit, die gesamte Nachtbeleuchtung über Ihrer Eingangstür abzubauen.<

(Hans:) >Sie haben doch bereits ganze Arbeit geleistet.<

(Hermes:) >Nein, nur die Birne ist kaputt. Die kann leicht ersetzt werden, aber die Nachbarn können wegen Lichtes nicht schlafen.<

(^Hans:) >Ihre Nach(t)barn müssen akzeptieren: Das Licht ist mein Eigentum.<

(Hermes:) >Welches Licht Sie in Ihrer Wohnung anzünden, ist Ihre Sache. Das Licht der Außenbeleuchtung überschreitet die Grenzen Ihres Grundstücks.<

(Hans:) >Davon profitieren meine Nachbarn.<.

(Hermes:) >Nein. Sie finden es ungemütlich.<

(Hans:) >Verlassen Sie den Raum.<

(Hermes:) >Heute ist ein entscheidender Tag.<

(Hans:) >Heut ist der Tag des Johannis-Feuers.<

(Hermes ğhesár-ğhoinon t°nghsalós: DOUPOS, DOUPOS, DOUPOS.)
(Hermes eine Handwaffe gezogen habend:Knall, Knall, Knall'.)

(Hermes svordonikò/sardonisch:) >Da hast du dein Johannes-Feuer, du elende Scype-Ratte!<

(Todὼ ğhesár-ğhoinon ^Jânηis ^èn ğhésar dhηlòs, peíçm°n ^eğh' póltās
(Dann die Handwaffe in Hansens Hand gelegt habend ein Schreiben aus der Tasche

t°nghsalòs pro-g√árdheti :)
gezogen habend er liest vor:)

>Sehr geehrte Polizei, ich habe meine Nachbarn durch eine Außenbeleuchtung massiv gestört. Das ist unverantwortlich. Voll Reue habe ich mir das Leben genommen. Vergebt mir.<

(peíçm°n ^Jânηì çrdeì hepì dhηlòs:)/
 das Schreiben dem Hans auf die Brust gelegt habend:

>Schlafe, oh Ratte, schlaf süß.< (apó/ab)

(Ánnā: krikj°ntî:) >^Neeee-ğhiiií!<
(Anna schreiend:) >Neeiiin!<

(^Rηğînā:) >^Voiço-^voríā! ^Voiço-^voríā!<
(Régine:) >Polizei! Polizei!

(Ánnā:) >^Nè ^maghinón!<
(Anna:) >Nicht möglich!<

(^Rηğînā:) >^Jânis!!!<
(Régine:) >Hans!!!<

 >(B'eğhìt's gaudhio-kríkωn: /
(Von draußen Freuden-Schreie:)

'Scheiß-Gesindel raus!
Wir haben ein Gemeinschaftshaus!'

(B'eğhìt's ^voqώn/ Von draußen Stimmen:)
'Sau-geil! Dafür gibt's keine Zeugen!'

(^Ánnā:) >^Án-^ωqs ^úg√sωn! - ^Nè ^voiztha, ^jòd ^rúğjesi! Tù , ^jòd ^^ad ^noù
(Anna:) >Du blinder Ochse! - Du weißt nicht, was du brüllst! Du, was zu uns

^é-вhlīğst ^vidǹl, ^àd tè hé-вhlīğst ^mîmo!<
blitzte zu sehen, an dir blitzte vorbei!<

(^Rŋğînā:) <^Vŋ-dvὼ – som-^vidńtere!<
(Régine:) >Wir zwei sind Zeugen!<

(^Ánnā:) >^Vŋ-dvὼ ^voiço-^voríçān ğhuvenós!<
(Anna:) >Wir zwei die Polizei des Rufens!<

(^Rŋğînā:) >Tà ^nè вhûsjeti ^l°nghû: ^Eurώpā doíços ^lăkrós. ^Voiço-^vorjáωn
(Régine:) >Das wird nicht leicht sein: Europa ist ein zerfetztes Land. Der Polizeien

skevio-paríās ^ne-qíd.<
an Wolken-Partnerschaft nichts.<

(^Ánnā:) >^Vŋ-dvoùs ^viçvà hésti hò- periál! ^Vŋ-dvὼ
(Anna:) >Wir zwei müssen alles versuchen! Wir zwei sind

^voiçj'-^ağenós. Beğhí-^luks ^oritâ. Pónthes ^v°lqὼn p°lnoí.
des Bürger-Bewegens. Das Außenlicht zerstört. Die Wege voller Wölfe.

^Nè paúkωn salvótro ^sù-^voiçitvòn ^apo-^ri-^reúsonti.<
Nicht wenige allenthalben die Zivilisation wollen abreißen<.

(^Rŋğînā:) >Króvion kaghíomhì.<
(Régine:) >Blut mit Einhegung.<

(^Ánnā.) >^Ois'- âivѡ̀n çoustérѡs dousterѡ́s – q'^entér.<
(Annā:) >Eis-Zeit zwischen Ost und West.<

(^Rŋğînā:) >Kairùs kóros d'ʙhlotátѡn ^entér.<
(Régine:) >Heißer Krieg zwischen Dummheiten.<

Kþătrѡ̀s d'oíğhœs ʙ'°rğhóves. ^Nò ^sù-voiçitvénnѡn ^nè-ʙoljâ
Der Herrschaft Mauern hoch. Aber der Zivilisierten ohnmächtige

skevio-paríā ^ud-ʙhlîğjoit. ^Uqénti, ^nù ^apo-ğītòn^araʙikòn
Wolken-Partnerschaft möge aufblitzen. Man sagt, der nun ab-geblühte arabische

^vésar skevio-paríamhì hoívo horitòn ʙhûl. ^Nò:
Frühling nur durch Wolkenpartnerschaft sei in Bewegung gesetzt. Aber:

^Arduo-spѡjitâ ʙhlīğtro-^en-voiztikâ ^maghtríā, qìd ^àn ^e-sâ
Die hoch-gezüchtete Blitz-Informations-Technik, was ist sie

ʙ'eğh' skaito-^voidíās? -
ohne Aufklärung? -

Djù-hanǹs ^asgâ!<
Johannis-Asche!<

Wichtige Quellen:

DUMONT, Barcelona, Bildatlas 150

Anna Reid, Blokada, Berlin 2011

Michael Wieck, Zeugnis vom Untergang Königsbergs, München 2005

Litauische Lyrik, ausgewählt und übersetzt von Lucia Baldauf, München 1972

Zur Sprachgestaltung siehe. H. Roebling, Europäische Zunge, BoD 2013